CLASSIQUES & CiE

Britannicus (1669)
Racine

Collection dirigée par
Marc Robert

Notes et dossier
Dorian Astor
Ancien élève de l'École
normale supérieure

HATIER

Conception graphique de la maquette :
c-album Jean-Baptiste Taisne, Rachel Pfleger
Principe de couverture : Double
Mise en pages : Chesteroc Limited
Suivi éditorial : Juliette Einhorn

© Hatier Paris, 2004
ISBN : 2-218-74747-2

Édition conforme à l'édition de 1663, avec une orthographe modernisée.

BRITANNICUS

À Monseigneur
le duc de Chevreuse [1]

Monseigneur,

Vous serez peut-être étonné de voir votre nom à la tête de cet ouvrage ; et si je vous avais demandé la permission de vous l'offrir, je doute si je l'aurais obtenue. Mais ce serait
5 être en quelque sorte ingrat que de cacher plus longtemps au monde les bontés dont vous m'avez toujours honoré. Quelle apparence qu'un homme qui ne travaille que pour la gloire se puisse taire d'une protection aussi glorieuse que la vôtre ?

10 Non, Monseigneur, il m'est trop avantageux que l'on sache que mes amis mêmes ne vous sont pas indifférents, que vous prenez part à tous mes ouvrages, et que vous m'avez procuré l'honneur de lire celui-ci devant un homme dont toutes les heures sont précieuses [2]. Vous fûtes témoin avec quelle
15 pénétration d'esprit il jugea l'économie [3] de la pièce, et combien l'idée qu'il s'est formée d'une excellente tragédie est au delà de tout ce que j'ai pu concevoir.

---

1. *Le duc de Chevreuse* (1646-1712) : gendre de Colbert et conseiller privé de Louis XIV, il est l'ami et le condisciple de Racine à Port-Royal. \ **2.** *Colbert* (1619-1683) : le plus puissant ministre du roi, principal acteur du centralisme monarchique et du mécénat d'État ; il met en place le système des gratifications royales dont Racine sera le régulier bénéficiaire. *Bérénice* sera directement dédié au ministre l'année suivante (1670). \ **3.** *Économie* : structure, organisation.

Ne craignez pas, Monseigneur, que je m'engage plus avant, et que n'osant le louer en face, je m'adresse à vous pour le louer
20 avec plus de liberté. Je sais qu'il serait dangereux de le fatiguer de ses louanges, et j'ose dire que cette même modestie, qui vous est commune avec lui, n'est pas un des moindres liens qui vous attachent l'un à l'autre.

La modération n'est qu'une vertu ordinaire quand elle ne se
25 rencontre qu'avec des qualités ordinaires. Mais qu'avec toutes les qualités et du coeur et de l'esprit, qu'avec un jugement qui, ce semble, ne devrait être le fruit que de l'expérience de plusieurs années, qu'avec mille belles connaissances que vous ne sauriez cacher à vos amis particuliers, vous ayez encore cette
30 sage retenue que tout le monde admire en vous, c'est sans doute une vertu rare en un siècle où l'on fait vanité des moindres choses. Mais je me laisse emporter insensiblement à la tentation de parler de vous ; il faut qu'elle soit bien violente, puisque je n'ai pu y résister dans une lettre où je n'avais autre
35 dessein que de vous témoigner avec combien de respect je suis,
Monseigneur,
Votre très humble et très obéissant serviteur,

Racine.

Première Préface [1]
(1670)

De tous les ouvrages que j'ai donnés au public, il n'y en a point qui m'ait attiré plus d'applaudissements ni plus de censeurs que celui-ci. Quelque soin que j'aie pris pour travailler cette tragédie, il semble qu'autant que je me suis efforcé de la rendre bonne, autant de certaines gens se sont efforcés de la décrier. Il n'y a point de cabale qu'ils n'aient faite, point de critique dont ils ne se soient avisés. Il y en a qui ont pris même le parti de Néron contre moi. Ils ont dit que je le faisais trop cruel. Pour moi, je croyais que le nom seul de Néron faisait entendre quelque chose de plus que cruel. Mais peut-être qu'ils raffinent sur son histoire, et veulent dire qu'il était honnête homme dans ses premières années. Il ne faut qu'avoir lu Tacite [2] pour savoir que, s'il a été quelque temps un bon empereur, il a toujours été un très méchant homme. Il ne s'agit point dans ma tragédie des affaires du dehors. Néron est ici dans son particulier et dans sa famille, et ils me dispenseront de leur rapporter tous les passages qui pourraient aisément leur prouver que je n'ai point de réparation à lui faire.

---

1. *Première Préface* : cette Préface, parue en tête de la première édition, est une réponse à la cabale organisée contre la pièce par les partisans de Corneille. Elle ne sera pas reproduite dans les éditions ultérieures. \ 2. *Tacite* (55-120 apr. J.-C.) : historien latin dont les *Annales* constituent pour Racine la source essentielle de *Britannicus*. Au XVIIe siècle, Tacite est l'autorité principale en matière d'histoire romaine et de style historique.

res ont dit, au contraire, que je l'avais fait trop bon.
que je ne m'étais pas formé l'idée d'un bon homme en
personne de Néron. Je l'ai toujours regardé comme un
monstre. Mais c'est ici un monstre naissant. Il n'a pas encore
mis le feu à Rome, il n'a pas encore tué sa mère, sa femme, ses
25 gouverneurs : à cela près, il me semble qu'il lui échappe assez
de cruautés pour empêcher que personne ne le méconnaisse.

Quelques-uns ont pris l'intérêt de Narcisse, et se sont
plaints que j'en eusse fait un très méchant homme et le
confident de Néron. Il suffit d'un passage pour leur répondre.
30 « Néron, dit Tacite, porta impatiemment la mort de Narcisse,
parce que cet affranchi avait une conformité merveilleuse avec
les vices du prince encore cachés : *Cujus abditis adhuc vitiis mire
congruebat* [1]. »

Les autres se sont scandalisés que j'eusse choisi un homme
35 aussi jeune que Britannicus pour le héros d'une tragédie. Je
leur ai déclaré, dans la préface d'*Andromaque*, le sentiment
d'Aristote [2] sur le héros de la tragédie, et que bien loin d'être
parfait, il faut toujours qu'il ait quelque imperfection. Mais je
leur dirai encore ici qu'un jeune prince de dix-sept ans qui a
40 beaucoup de cœur, beaucoup d'amour, beaucoup de franchise
et beaucoup de crédulité, qualités ordinaires d'un jeune
homme, m'a semblé très capable d'exciter la compassion. Je
n'en veux pas davantage.

« Mais, disent-ils, ce prince n'entrait que dans sa quinzième
45 année lorsqu'il mourut. On le fait vivre, lui et Narcisse, deux
ans plus qu'ils n'ont vécu. » Je n'aurais point parlé de cette
objection, si elle n'avait été faite avec chaleur par un homme

---

1. *Cujus abditis adhuc vitiis mire congruebat* : extrait de Tacite (*Annales*, XIII, 1), traduit par
Racine dans la phrase précédente. \ 2. *Aristote* (385-322 av. J.-C.) : philosophe grec dont
la *Poétique*, qui fixait les règles de chaque genre littéraire et notamment de la tragédie, était
l'autorité absolue des auteurs classiques.

qui s'est donné la liberté de faire régner vingt ans un empereur qui n'en a régné que huit, quoique ce changement soit bien plus considérable dans la chronologie, où l'on suppute les temps par les années des empereurs.

Junie ne manque pas non plus de censeurs. Ils disent que d'une vieille coquette, nommée Junia Silana[1], j'en ai fait une jeune fille très sage. Qu'auraient-ils à me répondre, si je leur disais que cette Junie est un personnage inventé, comme l'Émilie de *Cinna*, comme la Sabine d'*Horace*[2] ? Mais j'ai à leur dire que, s'ils avaient bien lu l'histoire, ils auraient trouvé une Junia Calvina, de la famille d'Auguste, sœur de Silanus, à qui Claudius avait promis Octavie. Cette Junie était jeune, belle, et, comme dit Sénèque : *festivissima omnium puellarum*[3]. Elle aimait tendrement son frère, « et leurs ennemis, dit Tacite, les accusèrent tous deux d'inceste, quoiqu'ils ne fussent coupables que d'un peu d'indiscrétion ». Si je la présente plus retenue qu'elle n'était, je n'ai pas ouï dire qu'il nous fût défendu de rectifier les mœurs d'un personnage, surtout lorsqu'il n'est pas connu.

L'on trouve étrange qu'elle paraisse sur le théâtre après la mort de Britannicus. Certainement la délicatesse est grande de ne pas vouloir qu'elle dise en quatre vers assez touchants qu'elle passe chez Octavie[4]. « Mais, disent-ils, cela ne valait pas la peine de la faire revenir, un autre l'aurait pu raconter pour elle. » Ils ne savent pas qu'une des règles du théâtre est de ne mettre en récit que les choses qui ne se peuvent passer en action, et que tous les Anciens font venir souvent sur la

---

1. *Junia Silana* : d'abord amie d'Agrippine, elle l'accusa ensuite de complot contre Néron. \ **2.** *Cinna, Horace* : tragédies de Corneille (1642 et 1640). Racine s'inscrit ici dans la polémique qui l'oppose à Corneille, tout en revendiquant, comme son rival, une certaine liberté vis-à-vis de l'Histoire. \ **3.** *Festivissima omnium puellarum* : « la plus séduisante de toutes les jeunes filles ». \ **4.** *L'on trouve étrange* [...] *qu'elle passe chez Octavie* : après 1670, Racine supprimera la courte scène à laquelle il fait allusion, et qui précédait la scène 6 de l'acte V.

75 scène des acteurs qui n'ont autre chose à dire, sinon qu'ils viennent d'un endroit, et qu'ils s'en retournent à un autre.

« Tout cela est inutile, disent mes censeurs. La pièce est finie au récit de la mort de Britannicus, et l'on ne devrait point écouter le reste. » On l'écoute pourtant, et même avec autant 80 d'attention qu'aucune fin de tragédie. Pour moi, j'ai toujours compris que la tragédie étant l'imitation d'une action complète, où plusieurs personnes concourent, cette action n'est point finie que l'on ne sache en quelle situation elle laisse ces mêmes personnes. C'est ainsi que Sophocle en use presque partout. 85 C'est ainsi que dans l'*Antigone* il emploie autant de vers à représenter la fureur d'Hémon et la punition de Créon[1] après la mort de cette princesse, que j'en ai employé aux imprécations d'Agrippine, à la retraite de Junie, à la punition de Narcisse, et au désespoir de Néron, après la mort de Britannicus.

90 Que faudrait-il faire pour contenter des juges si difficiles ? La chose serait aisée, pour peu qu'on voulût trahir le bon sens. Il ne faudrait que s'écarter du naturel pour se jeter dans l'extraordinaire. Au lieu d'une action simple, chargée de peu de matière, telle que doit être une action qui se passe en un seul 95 jour, et qui, s'avançant par degrés vers sa fin, n'est soutenue que par les intérêts, les sentiments et les passions des personnages, il faudrait remplir cette même action de quantité d'incidents qui ne se pourraient passer qu'en un mois, d'un grand nombre de jeux de théâtre d'autant plus surprenants qu'ils seraient 100 moins vraisemblables, d'une infinité de déclamations où l'on ferait dire aux acteurs tout le contraire de ce qu'il devraient dire. Il faudrait, par exemple, représenter quelque héros ivre, qui se voudrait faire haïr de sa maîtresse de gaieté de cœur, un

---

1. *Créon :* dans la pièce du grand tragique grec Sophocle (496-406 av. J.-C.), Hémon, fils de Créon, se tue après l'exécution d'Antigone ordonnée par son père. Ce suicide accable Créon.

Lacédémonien grand parleur, un conquérant qui ne débiterait
105 que des maximes d'amour, une femme qui donnerait des leçons
de fierté à des conquérants[1]. Voilà sans doute de quoi faire
récrier tous ces messieurs. Mais que dirait cependant le petit
nombre de gens sages auxquels je m'efforce de plaire ? De quel
front oserais-je me montrer, pour ainsi dire, aux yeux de ces
110 grands hommes de l'Antiquité que j'ai choisis pour modèles ?
Car, pour me servir de la pensée d'un Ancien[2], voilà les
véritables spectateurs que nous devons nous proposer ; et nous
devons sans cesse nous demander : « Que diraient Homère et
Virgile[3], s'ils lisaient ces vers ? que dirait Sophocle, s'il voyait
115 représenter cette scène ? » Quoi qu'il en soit, je n'ai point
prétendu empêcher qu'on ne parlât contre mes ouvrages ; je
l'aurais prétendu inutilement : *Quid de te alii loquantur ipsi
videant*, dit Cicéron ; *sed loquentur tamen*[4].

Je prie seulement le lecteur de me pardonner cette petite
120 préface, que j'ai faite pour lui rendre raison de ma tragédie. Il
n'y en rien de plus naturel que de se défendre quand on se croit
injustement attaqué. Je vois que Térence[5] même semble
n'avoir fait des prologues que pour se justifier contre les
critiques d'un vieux poète malintentionné, *malevoli veteris
125 poetae*[6], et qui venait briguer des voix contre lui jusqu'aux
heures où l'on représentait ses comédies.

.... *Occepta est agi :*

---

1. *Il faudrait […] des conquérants :* Racine attaque Corneille et ses invraisemblances. Les
exemples qu'il prend proviennent de tragédies de son rival, *Attila, Agésilas, Sertorius* et *Sopho-
nisbe*. \ **2.** *Un Ancien :* il s'agit de Longin, philosophe et rhéteur grec (213-273). Racine fait
allusion ici à son *Traité du sublime* (livre XII). \ **3.** *Homère et Virgile* (70-19 av. J.-C.) : les deux
principales autorités antiques en matière de poésie épique. \ **4.** *Quid de te alii loquantur ipsi
videant, sed loquentur tamen :* « Ce que les autres diront de toi, c'est à eux de le voir ; mais à
coup sûr ils en parleront » (Cicéron, *La République*, VI, 16). \ **5.** *Térence* (190-159 av. J.-C.) :
auteur latin de comédie dont les prologues avaient pour fonction de défendre la pièce contre
les critiques. \ **6.** *Malevoli vereis poetae :* « vieux poète malintentionné ». C'est Luscius de Lavi-
nium, rival de Térence, qui est ainsi désigné. On peut y voir une allusion à Corneille.

Exclamat[1], etc.

On me pouvait faire une difficulté qu'on ne m'a point faite.
130 Mais ce qui est échappé aux spectateurs pourra être remarqué
par les lecteurs. C'est que je fais entrer Junie dans les vestales,
où, selon Aulu-Gelle[2], on ne recevait personne au-dessous de six
ans, ni au-dessus de dix. Mais le peuple prend ici Junie sous sa
protection, et j'ai cru qu'en considération de sa naissance, de sa
135 vertu et de son malheur, il pouvait la dispenser de l'âge prescrit
par les lois, comme il a dispensé de l'âge pour le consulat tant
de grands hommes qui avaient mérité ce privilège.

Enfin, je suis très persuadé qu'on me peut faire bien d'autres
critiques, sur lesquelles je n'aurais d'autre parti à prendre que
140 celui d'en profiter à l'avenir. Mais je plains fort le malheur d'un
homme qui travaille pour le public. Ceux qui voient le mieux
nos défauts sont ceux qui les dissimulent le plus volontiers :
ils nous pardonnent les endroits qui leur ont déplu, en faveur
de ceux qui leur ont donné du plaisir. Il n'y a rien, au contraire,
145 de plus injuste qu'un ignorant, il croit toujours que l'admiration est le partage des gens qui ne savent rien, il condamne
toute une pièce pour une scène qu'il n'approuve pas, il
s'attaque même aux endroits les plus éclatants, pour faire
croire qu'il a de l'esprit, et pour peu que nous résistions à ses
150 sentiments, il nous traite de présomptueux qui ne veulent
croire personne, et ne songe pas qu'il tire quelquefois plus de
vanité d'une critique fort mauvaise, que nous n'en tirons d'une
assez bonne pièce de théâtre.

Homine imperito nunquam quidquam injustius[3].

---

1. *Occepta est agi :* / *Exclamat :* «On commence la pièce ; il s'écrie ». Citation du prologue de
L'Eunuque de Térence, à comprendre une fois encore comme une allusion à Corneille. On
dit en effet que lors de la première représentation de *Britannicus*, celui-ci aurait fait des commentaires à haute voix. \ 2. *Aulu-Gelle* (180-130 av. J.-C.) : érudit latin. \ 3. *Homine imperito nunquam quidquam injustius :* « Il n'y a rien au contraire de plus injuste qu'un ignorant ».
Cette citation est extraite d'une pièce de Térence, *Les Adelphes*.

Seconde Préface[1]
(1676)

Voici celle de mes tragédies que je puis dire que j'ai le plus travaillée. Cependant j'avoue que le succès ne répondit pas d'abord à mes espérances. À peine elle parut sur le théâtre, qu'il s'éleva quantité de critiques qui semblaient la devoir détruire.
5 Je crus moi-même que sa destinée serait à l'avenir moins heureuse que celle de mes autres tragédies. Mais enfin il est arrivé de cette pièce ce qui arrivera toujours des ouvrages qui auront quelque bonté[2] : les critiques se sont évanouies, la pièce est demeurée. C'est maintenant celle des miennes que la cour et
10 le public revoient le plus volontiers. Et si j'ai fait quelque chose de solide, et qui mérite quelque louange, la plupart des connaisseurs demeurent d'accord que c'est ce même *Britannicus*.

À la vérité, j'avais travaillé sur des modèles qui m'avaient extrêmement soutenu dans la peinture que je voulais faire de
15 la cour d'Agrippine et de Néron. J'avais copié mes personnages d'après le plus grand peintre de l'Antiquité, je veux dire d'après Tacite, et j'étais alors si rempli de la lecture de cet excellent historien, qu'il n'y a presque pas un trait éclatant dans ma tragédie dont il ne m'ait donné l'idée. J'avais voulu
20 mettre dans ce recueil un extrait des plus beaux endroits que j'ai tâché d'imiter ; mais j'ai trouvé que cet extrait tiendrait

---

1. *Seconde Préface :* cette Préface n'apparaît qu'à partir de la deuxième édition. Les attaques contre Corneille ont disparu. \ 2. *Bonté :* bonnes qualités.

presque autant de place que la tragédie. Ainsi le lecteur trouvera bon que je le renvoie à cet auteur, qui aussi bien est entre les mains de tout le monde ; et je me contenterai de
25 rapporter ici quelques-uns de ses passages sur chacun des personnages que j'introduis sur la scène.

Pour commencer par Néron, il faut se souvenir qu'il est ici dans les premières années de son règne, qui ont été heureuses, comme l'on sait. Ainsi, il ne m'a pas été permis de le représenter
30 aussi méchant qu'il l'a été depuis. Je ne le représente pas non plus comme un homme vertueux, car il ne l'a jamais été. Il n'a pas encore tué sa mère, sa femme, ses gouverneurs ; mais il a en lui les semences de tous ces crimes. Il commence à vouloir secouer le joug ; il les hait les uns et les autres, et il leur cache sa
35 haine sous de fausses caresses : *Factus natura velare odium fallacibus blanditiis* [1]. En un mot, c'est ici un monstre naissant, mais qui n'ose encore se déclarer, et qui cherche des couleurs [2] à ses méchantes actions : *Hactenus Nero flagitiis et sceleribus velamenta quæsivit* [3]. Il ne pouvait souffrir Octavie, princesse d'une bonté et
40 d'une vertu exemplaires : *fato quodam, an quia prævalent illicita ; metuebaturque ne in stupra feminarum illustrium prorumperet* [4].

Je lui donne Narcisse pour confident. J'ai suivi en cela Tacite, qui dit que « Néron porta impatiemment la mort de Narcisse, parce que cet affranchi avait une conformité
45 merveilleuse avec les vices du prince encore cachés : *Cujus abditis adhuc vitiis mire congruebat* [5] ». Ce passage prouve deux choses : il prouve et que Néron était déjà vicieux, mais qu'il

---

1. *Factus natura velare odium fallacibus blanditiis* : « Naturellement porté à dissimuler sa haine sous de fallacieuses caresses » (Tacite, *Annales*, XIV, 56). \ **2.** *Couleurs* : prétextes trompeurs. \ **3.** *Hactenus Nero flagitiis et sceleribus velamenta quæsivit* : « Jusque-là, Néron cherchait à dissimuler ses écarts et ses crimes » (Tacite, *Annales*, XIII, 47). \ **4.** *Fato quodam, an quia prævalent illicita metuebaturque ne in stupra feminarum illustrium prorumperet* : « Pour ainsi dire fatalement, ou parce que les choses illicites ont plus d'attrait ; et on craignait qu'il ne déshonorât des femmes illustres » (Tacite, *Annales*, XIII, 12). \ **5.** *Cujus abditis adhuc vitiis mire congruebat* : traduit par Racine dans la phrase précédente.

dissimulait ses vices, et que Narcisse l'entretenait dans ses mauvaises inclinations.

50 J'ai choisi Burrhus pour opposer un honnête homme à cette peste de cour ; et je l'ai choisi plutôt que Sénèque. En voici la raison : ils étaient tous deux gouverneurs de la jeunesse de Néron, l'un pour les armes, et l'autre pour les lettres. Et ils étaient fameux, Burrhus pour son expérience dans les armes et 55 pour la sévérité de ses mœurs, *militaribus curis et severitate morum*[1] ; Sénèque pour son éloquence et le tour agréable de son esprit, *Seneca præceptis eloquentiæ et comitate honesta*[2]. Burrhus, après sa mort, fut extrêmement regretté à cause de sa vertu : *Civitati grande desiderium ejus mansit per memoriam virtutis*[3].

60 Toute leur peine était de résister à l'orgueil et à la férocité d'Agrippine, *quæ cunctis malæ dominationis cupidinibus flagrans, habebat in partibus Pallantem*[4]. Je ne dis que ce mot d'Agrippine, car il y aurait trop de choses à en dire. C'est elle que je me suis surtout efforcé de bien exprimer, et ma tragédie 65 n'est pas moins la disgrâce d'Agrippine que la mort de Britannicus. Cette mort fut un coup de foudre pour elle ; et « il parut, dit Tacite, par sa frayeur et par sa consternation, qu'elle était aussi innocente de cette mort qu'Octavie. Agrippine perdit en lui sa dernière espérance, et ce crime lui en faisait craindre un 70 plus grand : *Sibi supremum auxilium ereptum, et parricidii exemplum intellegebat*[5] ».

---

1. *Militaribus curis et severitate morum* : traduit par Racine dans la phrase précédente. \ 2. *Seneca praeceptis eloquentiae et comitate honesta* : Racine traduit le latin *comitate honesta* par « le tour agréable de son esprit » sans tenir compte de l'adjectif *honesta* (honnête, intègre, droite) ; le critique Volker Schröder y a vu le peu d'estime qu'avait Racine pour Sénèque : ce serait une raison supplémentaire de ne pas l'avoir fait compter au nombre des personnages de *Britannicus*. \ 3. *Civitati grande desiderium ejus mansit per memoriam virtutis* : « La cité le regretta beaucoup et longtemps, en souvenir de sa vertu » (Tacite, *Annales*, XIV, 51). \ 4. *Quae cunctis malae dominationis cupidinibus flagrans, habebat in partibus Pallantem* : « Qui, brûlant de tous les désirs d'une domination coupable, avait Pallas à ses côtés » (Tacite, *Annales*, XIII, 2). \ 5. *Sibi supremum auxilium ereptum, et paricidii exemplum intellegebat* : « Elle avait compris qu'elle avait perdu son dernier appui, et que la voie du parricide était ouverte » (Tacite, *Annales*, XIII, 16).

L'âge de Britannicus était si connu, qu'il ne m'a pas été permis de le représenter autrement que comme un jeune prince qui avait beaucoup de cœur, beaucoup d'amour et 75 beaucoup de franchise, qualités ordinaires d'un jeune homme. Il avait quinze ans, et on dit qu'il avait beaucoup d'esprit, soit qu'on dise vrai, ou que ses malheurs aient fait croire cela de lui, sans qu'il ait pu en donner des marques : *Neque segnem ei fuisse indolem ferunt ; sive verum, seu periculis commendatus retinuit famam* 80 *sine experimento* [1].

Il ne faut pas s'étonner s'il n'a auprès de lui qu'un aussi méchant homme que Narcisse, « car il y avait longtemps qu'on avait donné ordre qu'il n'y eût auprès de Britannicus que des gens qui n'eussent ni foi ni honneur : *Nam ut proximus* 85 *quisque Britannico, neque fas neque fidem pensi haberet, olim provisum erat* [2] ».

Il me reste à parler de Junie. Il ne la faut pas confondre avec une vieille coquette qui s'appelait *Junia Silana*. C'est ici une autre Junie, que Tacite appelle *Junia Calvina*, de la famille 90 d'Auguste, sœur de Silanus, à qui Claudius avais promis Octavie. Cette Junie était jeune, belle, et, comme dit Sénèque, *festivissima omnium puellarum* [3]. « Son frère et elle s'aimaient tendrement, et leurs ennemis, dit Tacite, les accusèrent tous deux d'inceste, quoiqu'ils ne fussent coupables que d'un peu 95 d'indiscrétion. » Elle vécut jusqu'au règne de Vespasien.

Je la fais entrer dans les vestales, quoique, selon Aulu-Gelle, on n'y reçût jamais personne au-dessous de six ans ni au-dessus de dix. Mais le peuple prend ici Junie sous sa protection. Et j'ai cru qu'en considération de sa naissance, de sa vertu et de

---

1. *Neque segnem ei fuisse indolem ferunt, sive verum, seu periculis commendatus retinuit famam sine experimento :* traduit par Racine dans la phrase précédente (Tacite, *Annales*, XII, 26). \ **2.** *Nam ut proximus quisque Britannico, neque fas neque fidem pensi haberet, olim provisum erat :* traduit par Racine dans la phrase précédente (Tacite, *Annales*, XIII, 15). \ **3.** *Festivissima omnium puellarum :* « La plus séduisante de toutes les jeunes filles ».

100 son malheur, il pouvait la dispenser de l'âge prescrit par les lois, comme il a dispensé de l'âge pour le consulat tant de grands hommes qui avaient mérité ce privilège.

Les personnages

NÉRON [1], *empereur, fils d'Agrippine.*
BRITANNICUS, *fils de l'empereur Claudius.*
AGRIPPINE, *veuve de Domitius Ænobarbus, père de Néron, et, en secondes noces, veuve de l'empereur Claudius.*
JUNIE, *amante [2] de Britannicus.*
BURRHUS, *gouverneur [3] de Néron.*
NARCISSE, *gouverneur de Britannicus.*
ALBINE, *confidente d'Agrippine.*
GARDES.

La scène est à Rome, dans une chambre [4] du palais de Néron.

---

1. *Néron :* Néron portait d'abord le nom de sa famille paternelle, les Domitius Ænobarbus (voir, dans la scène 1 de l'acte I, les vers 18 et 36). L'empereur Claude, en l'adoptant, l'autorisa à porter le nom de la famille de sa mère Agrippine, les Nérons. \ **2.** *Amante de :* qui est amoureuse de. \ **3.** *Gouverneur :* précepteur. \ **4.** *Chambre :* pièce. Il s'agit d'une anti-chambre, au seuil des appartements de Néron (voir, dans la scène 1 de l'acte I, le vers 4).

Acte premier

Scène première

AGRIPPINE, ALBINE

ALBINE

Quoi ? tandis que Néron s'abandonne au sommeil,
Faut-il que vous veniez attendre son réveil ?
Qu'errant dans le palais sans suite et sans escorte,
La mère de César[1] veille seule à sa porte ?
5 Madame, retournez dans votre appartement.

AGRIPPINE

Albine, il ne faut pas s'éloigner un moment.
Je veux l'attendre ici. Les chagrins[2] qu'il me cause
M'occuperont assez tout le temps qu'il repose.
Tout ce que j'ai prédit n'est que trop assuré :
10 Contre Britannicus Néron s'est déclaré.
L'impatient Néron cesse de se contraindre ;
Las de se faire aimer, il veut se faire craindre.
Britannicus le gêne, Albine, et chaque jour
Je sens que je deviens importune à mon tour.

---

1. *César :* titre donné aux empereurs romains depuis Auguste. Ici, il désigne Néron.
\ **2.** *Chagrins :* sens fort de « tourments ».

ALBINE

15 Quoi ? vous à qui Néron doit le jour qu'il respire,
Qui l'avez appelé de si loin à l'empire ?
Vous qui, déshéritant le fils de Claudius[1],
Avez nommé César l'heureux Domitius[2] ?
Tout lui parle, Madame, en faveur d'Agrippine :
20 Il vous doit son amour.

AGRIPPINE

Il me le doit, Albine ;
Tout, s'il est généreux[3], lui prescrit cette loi ;
Mais tout, s'il est ingrat, lui parle contre moi.

ALBINE

S'il est ingrat, Madame ? Ah ! toute sa conduite
Marque dans son devoir une âme trop instruite.
25 Depuis trois ans entiers, qu'a-t-il dit, qu'a-t-il fait
Qui ne promette à Rome un empereur parfait ?
Rome, depuis deux ans, par ses soins gouvernée,
Au temps de ses consuls[4] croit être retournée :
Il la gouverne en père. Enfin Néron naissant
30 A toutes les vertus d'Auguste vieillissant[5].

AGRIPPINE

Non, non, mon intérêt ne me rend point injuste :
Il commence, il est vrai, par où finit Auguste ;

---

1. *Le fils de Claudius :* la périphrase désigne Britannicus, né du premier mariage de l'empereur Claudius – ou Claude, selon les besoins de l'alexandrin (voir, dans la scène 1 de l'acte I, le vers 65). \ **2.** *Domitius :* Néron est désigné ici par le nom de la famille de son père. \ **3.** *Généreux :* qui a des sentiments nobles conformes à sa naissance (du latin *genus*, « famille, race »). \ **4.** *Consuls :* magistrats détenteurs du pouvoir exécutif sous la République. \ **5.** *Auguste vieillissant :* Octave, petit-neveu de Jules César, accéda au pouvoir tyrannique par la violence. Il prit alors le titre d'Auguste (« consacré par les augures sacrés ») et adoucit sa façon de gouverner, qui devint un exemple de modération (voir *Cinna*, tragédie de Corneille).

Mais crains que l'avenir détruisant le passé,
Il ne finisse ainsi qu'Auguste a commencé.
35 Il se déguise en vain : je lis sur son visage
Des fiers[1] Domitius l'humeur triste[2] et sauvage ;
Il mêle avec l'orgueil qu'il a pris dans leur sang
La fierté des Néron[3] qu'il puisa dans mon flanc.
Toujours la tyrannie a d'heureuses prémices :
40 De Rome, pour un temps, Caïus[4] fut les délices ;
Mais sa feinte bonté se tournant en fureur[5],
Les délices de Rome en devinrent l'horreur.
Que m'importe, après tout, que Néron, plus fidèle,
D'une longue vertu laisse un jour le modèle ?
45 Ai-je mis dans sa main le timon[6] de l'État
Pour le conduire au gré du peuple et du sénat[7] ?
Ah ! que de la patrie il soit, s'il veut, le père[8] ;
Mais qu'il songe un peu plus qu'Agrippine est sa mère.
De quel nom cependant pouvons-nous appeler
50 L'attentat[9] que le jour vient de nous révéler ?
Il sait, car leur amour ne peut être ignorée[10],
Que de Britannicus Junie est adorée,
Et ce même Néron, que la vertu conduit,
Fait enlever Junie au milieu de la nuit !
55 Que veut-il ? Est-ce haine, est-ce amour qui l'inspire ?
Cherche-t-il seulement le plaisir de leur nuire ?
Ou plutôt n'est-ce point que sa malignité
Punit sur eux l'appui que je leur ai prêté ?

---

1. *Fiers* : cruels (même origine que « féroce »). \ 2. *Triste* : sombre, farouche. \ 3. *La fierté des Néron* : cruauté. La famille des Nérons (dynastie des Claudio-Juliens) a donné à Rome des empereurs tristement célèbres pour leur cruauté, comme Tibère et Caligula. \ 4. *Caïus* : frère d'Agrippine plus connu sous le surnom de Caligula ; son règne (37-41 apr. J.-C.) fut sanguinaire. Atteint de folie meurtrière, il fut assassiné. \ 5. *Fureur* : folie furieuse. \ 6. *Timon* : barre de gouvernail d'un bateau. \ 7. *Du peuple et du sénat* : les deux instances du pouvoir au temps de la République romaine. \ 8. *Le père* : le sénat avait donné à Néron le titre de Père de la patrie (*Pater patriae*). \ 9. *Attentat* : crime. \ 10. *Ignorée* : « amour » est, au XVIIe siècle, indifféremment masculin ou féminin.

ALBINE

Vous, leur appui, Madame ?

AGRIPPINE

Arrête, chère Albine.

60 Je sais que j'ai moi seule avancé leur ruine ;
Que du trône, où le sang l'a dû[1] faire monter,
Britannicus par moi s'est vu précipiter.
Par moi seule éloigné de l'hymen[2] d'Octavie,
Le frère de Junie abandonna la vie,
65 Silanus[3], sur qui Claude avait jeté les yeux,
Et qui comptait Auguste au rang de ses aïeux.
Néron jouit de tout ; et moi, pour récompense,
Il faut qu'entre eux et lui je tienne la balance,
Afin que quelque jour, par une même loi,
70 Britannicus la tienne entre mon fils et moi.

ALBINE

Quel dessein !

AGRIPPINE

Je m'assure un port dans la tempête.
Néron m'échappera, si ce frein ne l'arrête.

ALBINE

Mais prendre contre un fils tant de soins superflus ?

AGRIPPINE

Je le craindrais bientôt, s'il ne me craignait plus.

---

1. *A dû :* dans la langue classique, le passé composé peut avoir une valeur conditionnelle. Il est à comprendre ici dans le sens de « aurait dû ». \ **2.** *Hymen :* mariage. \ **3.** *Silanus :* frère de Junie et arrière-petit-fils d'Auguste. Il était promis à Octavie, mais Agrippine la maria à Néron. Il se suicida.

ALBINE

75 Une juste frayeur vous alarme peut-être.
Mais si Néron pour vous n'est plus ce qu'il doit être,
Du moins son changement ne vient pas jusqu'à nous,
Et ce sont des secrets entre César et vous.
Quelques titres nouveaux que Rome lui défère,
80 Néron n'en reçoit point qu'il ne donne à sa mère.
Sa prodigue amitié[1] ne se réserve rien;
Votre nom est dans Rome aussi saint que le sien.
À peine parle-t-on de la triste Octavie.
Auguste votre aïeul honora moins Livie[2].
85 Néron devant sa mère a permis le premier
Qu'on portât les faisceaux[3] couronnés de laurier.
Quels effets voulez-vous de sa reconnaissance?

AGRIPPINE

Un peu moins de respect, et plus de confiance.
Tous ces présents, Albine, irritent mon dépit.
90 Je vois mes honneurs croître et tomber mon crédit.
Non, non, le temps n'est plus que Néron, jeune encore,
Me renvoyait les vœux d'une cour qui l'adore,
Lorsqu'il se reposait sur moi de tout l'État,
Que mon ordre au palais assemblait le sénat,
95 Et que derrière un voile, invisible et présente,
J'étais de ce grand corps l'âme toute-puissante.
Des volontés de Rome alors mal assuré,
Néron de sa grandeur n'était point enivré.
Ce jour, ce triste jour frappe encor ma mémoire

---

1. *Amitié* : amour (ici, amour filial). \ 2. *Livie* : troisième et dernière femme d'Auguste, qui
jouissait de tous les honneurs impériaux. \ 3. *Les faisceaux* : les faisceaux étaient des assem-
blages de verges liées autour d'une hache, portés par les gardes devant les magistrats comme
symbole de l'autorité de l'empereur. Néron fut le premier empereur qui permit que l'on
les porte devant sa mère.

100 Où Néron fut lui-même ébloui de sa gloire,
Quand les ambassadeurs de tant de rois divers
Vinrent le reconnaître au nom de l'univers.
Sur son trône avec lui j'allais prendre ma place :
J'ignore quel conseil prépara ma disgrâce ;
105 Quoi qu'il en soit, Néron, d'aussi loin qu'il me vit,
Laissa sur son visage éclater son dépit.
Mon coeur même en conçut un malheureux augure.
L'ingrat, d'un faux respect colorant son injure,
Se leva par avance, et courant m'embrasser,
110 Il m'écarta du trône où je m'allais placer.
Depuis ce coup fatal, le pouvoir d'Agrippine
Vers sa chute à grands pas chaque jour s'achemine.
L'ombre seule m'en reste, et l'on n'implore plus
Que le nom de Sénèque[1] et l'appui de Burrhus.

ALBINE

115 Ah ! si de ce soupçon votre âme est prévenue,
Pourquoi nourrissez-vous le venin qui vous tue ?
Daignez avec César vous éclaircir du moins.

AGRIPPINE

César ne me voit plus, Albine, sans témoins.
En public, à mon heure, on me donne audience ;
120 Sa réponse est dictée, et même son silence.
Je vois deux surveillants, ses maîtres et les miens,
Présider l'un ou l'autre à tous nos entretiens.
Mais je le poursuivrai d'autant plus qu'il m'évite :
De son désordre[2], Albine, il faut que je profite.

---

1. *Sénèque* (4-65 apr. J.-C.) : philosophe et écrivain, précepteur et ministre de Néron. Il est notamment l'auteur d'un traité à l'usage du jeune empereur Néron, intitulé *De la clémence*. Néron, irrité par ses mises en garde, lui ordonna de se suicider. \ **2.** *Désordre* : trouble, confusion.

125 J'entends du bruit ; on ouvre. Allons subitement
Lui demander raison de cet enlèvement.
Surprenons, s'il se peut, les secrets de son âme.
Mais quoi ? déjà Burrhus sort de chez lui ?

Scène 2

AGRIPPINE, BURRHUS, ALBINE

BURRHUS

Madame,
Au nom de l'empereur j'allais vous informer
130 D'un ordre qui d'abord a pu vous alarmer,
Mais qui n'est que l'effet d'une sage conduite,
Dont César a voulu que vous soyez instruite.

AGRIPPINE

Puisqu'il le veut, entrons : il m'en instruira mieux.

BURRHUS

César pour quelque temps s'est soustrait à nos yeux.
135 Déjà par une porte au public moins connue
L'un et l'autre consul[1] vous avaient prévenue[2],
Madame. Mais souffrez que je retourne exprès...

AGRIPPINE

Non, je ne trouble point ses augustes secrets.
Cependant voulez-vous qu'avec moins de contrainte
140 L'un et l'autre une fois nous nous parlions sans feinte ?

---

1. *L'un et l'autre consul :* les consuls sont les deux magistrats qui exerçaient le pouvoir suprême dans la Rome républicaine. Bien que détenteur de tous les pouvoirs, l'empereur Auguste continua à faire siéger le sénat et à élire deux consuls chaque année. \ **2.** *Prévenue :* devancée.

BURRHUS

Burrhus pour le mensonge eut toujours trop d'horreur.

AGRIPPINE

Prétendez-vous longtemps me cacher l'empereur ?
Ne le verrai-je plus qu'à titre d'importune ?
Ai-je donc élevé si haut votre fortune
145 Pour mettre[1] une barrière entre mon fils et moi ?
Ne l'osez-vous laisser un moment sur sa foi[2] ?
Entre Sénèque et vous disputez-vous la gloire
À qui m'effacera plus tôt de sa mémoire ?
Vous l'ai-je confié pour en faire un ingrat,
150 Pour être[3], sous son nom, les maîtres de l'État ?
Certes, plus je médite, et moins je me figure
Que vous m'osiez compter pour votre créature,
Vous, dont j'ai pu[4] laisser vieillir l'ambition
Dans les honneurs obscurs de quelque légion,
155 Et moi qui sur le trône ai suivi mes ancêtres,
Moi, fille, femme, sœur et mère de vos maîtres[5] !
Que prétendez-vous donc ? Pensez-vous que ma voix
Ait fait un empereur pour m'en imposer trois ?
Néron n'est plus enfant : n'est-il pas temps qu'il règne ?
160 Jusqu'à quand voulez-vous que l'empereur vous craigne ?
Ne saurait-il rien voir qu'il n'emprunte vos yeux ?
Pour se conduire, enfin, n'a-t-il pas ses aïeux ?
Qu'il choisisse, s'il veut, d'Auguste ou de Tibère[6],
Qu'il imite, s'il peut, Germanicus mon père.
165 Parmi tant de héros je n'ose me placer,

---

1. *Pour mettre :* pour que vous mettiez. En français classique, l'infinitif ne se rapporte pas obligatoirement au sujet grammatical. \ **2.** *Laisser sur sa foi :* lui faire confiance et le laisser agir. \ **3.** *Pour être :* pour que vous soyez. \ **4.** *J'ai pu :* j'aurais pu. \ **5.** *Fille, femme, sœur, et mère de vos maîtres :* Agrippine était arrière-petite-fille d'Auguste, fille de Germanicus, femme de Claude, sœur de Caligula, mère de Néron. \ **6.** *Tibère :* empereur de 14 à 37 et grand-oncle d'Agrippine.

Mais il est des vertus que je lui puis tracer[1].
Je puis l'instruire au moins combien sa confidence
Entre un sujet et lui doit laisser de distance.

BURRHUS

Je ne m'étais chargé dans cette occasion
170 Que d'excuser César d'une seule action[2].
Mais puisque sans vouloir que je le justifie,
Vous me rendez garant du reste de sa vie,
Je répondrai, Madame, avec la liberté
D'un soldat qui sait mal farder[3] la vérité.
175 Vous m'avez de César confié la jeunesse,
Je l'avoue, et je dois m'en souvenir sans cesse.
Mais vous avais-je fait serment de le trahir,
D'en faire un empereur qui ne sût qu'obéir ?
Non. Ce n'est plus à vous qu'il faut que j'en réponde,
180 Ce n'est plus votre fils, c'est le maître du monde.
J'en dois compte, Madame, à l'empire romain,
Qui croit voir son salut ou sa perte en ma main.
Ah ! si dans l'ignorance il le fallait instruire,
N'avait-on que Sénèque et moi pour le séduire[4] ?
185 Pourquoi de sa conduite[5] éloigner les flatteurs ?
Fallait-il dans l'exil[6] chercher des corrupteurs ?
La cour de Claudius, en esclaves fertile,
Pour deux que l'on cherchait en eût présenté mille,
Qui tous auraient brigué l'honneur de l'avilir :
190 Dans une longue enfance ils l'auraient fait vieillir.
De quoi vous plaignez-vous, Madame ? On vous révère :
Ainsi que par César, on jure par sa mère.

---

1. *Tracer* : ici, « enseigner, montrer ». \ 2. *Une seule action* : l'enlèvement de Junie. \ 3. *Farder* : maquiller, dissimuler. \ 4. *Séduire* : tromper, détourner du droit chemin. \ 5. *Conduite* : éducation. \ 6. *Exil* : Sénèque avait été exilé en Corse par Néron en 41. C'est Agrippine qui avait obtenu son rappel.

L'empereur, il est vrai, ne vient plus chaque jour
Mettre à vos pieds l'empire, et grossir votre cour.
195 Mais le doit-il, Madame ? et sa reconnaissance
Ne peut-elle éclater que dans sa dépendance ?
Toujours humble, toujours le timide Néron
N'ose-t-il être Auguste et César que de nom ?
Vous le dirai-je enfin ? Rome le justifie.
200 Rome, à trois affranchis [1] si longtemps asservie,
À peine respirant du joug qu'elle a porté,
Du règne de Néron compte sa liberté.
Que dis-je ? la vertu semble même renaître.
Tout l'empire n'est plus la dépouille [2] d'un maître :
205 Le peuple au champ de Mars nomme ses magistrats,
César nomme les chefs sur la foi des soldats ;
Thraséas [3] au sénat, Corbulon [4] dans l'armée,
Sont encore innocents, malgré leur renommée ;
Les déserts [5], autrefois peuplés de sénateurs,
210 Ne sont plus habités que par leurs délateurs.
Qu'importe que César continue à nous croire,
Pourvu que nos conseils ne tendent qu'à sa gloire ;
Pourvu que dans le cours d'un règne florissant
Rome soit toujours libre, et César tout-puissant ?
215 Mais Madame, Néron suffit pour se conduire.
J'obéis, sans prétendre à l'honneur de l'instruire.
Sur ses aïeux, sans doute, il n'a qu'à se régler ;
Pour bien faire, Néron n'a qu'à se ressembler,
Heureux si ses vertus, l'une à l'autre enchaînées,
220 Ramènent tous les ans ses premières années !

---

1. *Affranchis* : esclaves qui ont reçu des droits de citoyen. Burrhus fait allusion à Calliste,
Narcisse et Pallas, conseillers de Claude. \ 2. *Dépouille* : butin, proie. \ 3. *Thraséas* : philosophe et sénateur. Néron et le sénat le condamneront à se suicider. \ 4. *Corbulon* : général
romain, vainqueur des Parthes, condamné à mort par Néron en 67. \ 5. *Déserts* : lieux d'exil
(Corse, Sardaigne, etc.).

AGRIPPINE

Ainsi, sur l'avenir n'osant vous assurer [1],
Vous croyez que sans vous Néron va s'égarer.
Mais vous qui jusqu'ici content de votre ouvrage,
Venez de ses vertus nous rendre témoignage,
225 Expliquez-nous pourquoi, devenu ravisseur,
Néron de Silanus fait enlever la sœur ?
Ne tient-il qu'à marquer de cette ignominie
Le sang de mes aïeux qui brille dans Junie ?
De quoi l'accuse-t-il ? Et par quel attentat [2]
230 Devient-elle en un jour criminelle d'État,
Elle qui sans orgueil jusqu'alors élevée,
N'aurait point vu Néron, s'il ne l'eût enlevée,
Et qui même aurait mis au rang de ses bienfaits
L'heureuse liberté de ne le voir jamais ?

BURRHUS

235 Je sais que d'aucun crime elle n'est soupçonnée ;
Mais jusqu'ici César ne l'a point condamnée,
Madame. Aucun objet ne blesse ici ses yeux :
Elle est dans un palais tout plein de ses aïeux.
Vous savez que les droits [3] qu'elle porte avec elle
240 Peuvent de son époux faire un prince rebelle,
Que le sang de César ne se doit allier
Qu'à ceux à qui César le veut bien confier,
Et vous-même avouerez qu'il ne serait pas juste
Qu'on disposât sans lui de la nièce [4] d'Auguste.

---

1. *S'assurer sur* : se fier à. \ 2. *Attentat* : crime. \ 3. *Droits* : Junie est petite-fille d'Auguste.
Un futur époux pourrait se prévaloir de cette ascendance pour monter sur le trône. \ 4. *Nièce* :
sens général de « descendante ».

AGRIPPINE

245 Je vous entends : Néron m'apprend par votre voix
Qu'en vain Britannicus s'assure sur [1] mon choix.
En vain, pour détourner ses yeux de sa misère,
J'ai flatté son amour d'un hymen [2] qu'il espère.
À ma confusion, Néron veut faire voir
250 Qu'Agrippine promet par-delà son pouvoir.
Rome de ma faveur est trop préoccupée :
Il veut par cet affront qu'elle soit détrompée,
Et que tout l'univers apprenne avec terreur
À ne confondre plus mon fils et l'empereur.
255 Il le peut. Toutefois j'ose encore lui dire
Qu'il doit avant ce coup affermir son empire,
Et qu'en me réduisant à la nécessité
D'éprouver contre lui ma faible autorité,
Il expose la sienne, et que dans la balance
260 Mon nom peut-être aura plus de poids qu'il ne pense.

BURRHUS

Quoi, Madame ? toujours soupçonner son respect ?
Ne peut-il faire un pas qui ne vous soit suspect ?
L'empereur vous croit-il du parti de Junie ?
Avec Britannicus vous croit-il réunie [3] ?
265 Quoi ? de vos ennemis devenez-vous l'appui
Pour trouver un prétexte à vous plaindre de lui ?
Sur le moindre discours qu'on pourra vous redire,
Serez-vous toujours prête à partager [4] l'empire ?
Vous craindrez-vous sans cesse, et vos embrassements
Ne se passeront-ils qu'en éclaircissements ?
270 Ah ! quittez d'un censeur la triste diligence [5] ;

---

1. *S'assurer sur* : se fier à. \ 2. *Hymen* : mariage. \ 3. *Réunie* : réconciliée. \ 4. *Partager* : diviser.
\ 5. *Diligence* : zèle, empressement.

D'une mère facile[1] affectez l'indulgence,
Souffrez quelques froideurs sans les faire éclater,
Et n'avertissez point la cour de vous quitter.

AGRIPPINE

275 Et qui s'honorerait de l'appui d'Agrippine,
Lorsque Néron lui-même annonce ma ruine ?
Lorsque de sa présence il semble me bannir ?
Quand Burrhus à sa porte ose me retenir ?

BURRHUS

Madame, je vois bien qu'il est temps de me taire,
280 Et que ma liberté[2] commence à vous déplaire.
La douleur est injuste, et toutes les raisons
Qui ne la flattent point aigrissent ses soupçons.
Voici Britannicus. Je lui cède ma place.
Je vous laisse écouter et plaindre sa disgrâce,
285 Et peut-être, Madame, en accuser les soins
De ceux que l'empereur a consultés le moins[3].

Est apparence

Scène 3

BRITANNICUS, AGRIPPINE, NARCISSE, ALBINE

AGRIPPINE

Ah, Prince ! où courez-vous ? Quelle ardeur inquiète
Parmi vos ennemis en aveugle vous jette ?
Que venez-vous chercher ?

---

1. *Facile* : conciliante, compréhensive. \ **2.** *Ma liberté* : la liberté que je prends. \ **3.** *Et peut-être, Madame, en accuser les soins / De ceux que l'empereur a consultés le moins* : imputer la responsabilité de la disgrâce de Britannicus à ceux que Néron n'a pas consultés (et donc justement pas à Burrhus).

BRITANNICUS

　　　　　　　Ce que je cherche ? Ah, dieux !
290 Tout ce que j'ai perdu, Madame, est en ces lieux.
De mille affreux soldats Junie environnée
S'est vue en ce palais indignement traînée.
Hélas ! de quelle horreur ses timides esprits[1]
À ce nouveau spectacle auront été surpris !
295 Enfin on me l'enlève. Une loi trop sévère
Va séparer deux cœurs qu'assemblait leur misère[2].
Sans doute on ne veut pas que mêlant nos douleurs
Nous nous aidions l'un l'autre à porter nos malheurs.

AGRIPPINE

Il suffit. Comme vous je ressens vos injures[3] ;
300 Mes plaintes ont déjà précédé vos murmures.
Mais je ne prétends pas qu'un impuissant courroux
Dégage ma parole et m'acquitte envers vous.
Je ne m'explique point. Si vous voulez m'entendre,
Suivez-moi chez Pallas[4], où je vais vous attendre.

Scène 4

BRITANNICUS, NARCISSE

BRITANNICUS

305 La croirai-je, Narcisse ? et dois-je sur sa foi
La prendre pour arbitre entre son fils et moi ?
Qu'en dis-tu ? N'est-ce pas cette même Agrippine
Que mon père[5] épousa jadis pour sa ruine,

---

1. *Esprits :* pluriel fréquent au XVIIe (voir aujourd'hui l'expression « reprendre ses esprits »). \ **2.** *Misère :* malheur. \ **3.** *Injures :* injustices. \ **4.** *Pallas :* affranchi, ancien conseiller de Claude et favori d'Agrippine. Néron le fait empoisonner en 62. \ **5.** *Mon père :* l'empereur Claude.

Et qui, si je t'en crois, a de ses derniers jours,
310 Trop lents pour ses desseins, précipité le cours[1] ?

NARCISSE

N'importe. Elle se sent comme vous outragée ;
À vous donner Junie elle s'est engagée :
Unissez vos chagrins[2], liez vos intérêts.
Ce palais retentit en vain de vos regrets :
315 Tandis qu'on vous verra d'une voix suppliante
Semer ici la plainte et non pas l'épouvante,
Que vos ressentiments se perdront en discours,
Il n'en faut point douter, vous vous plaindrez toujours.

BRITANNICUS

Ah ! Narcisse, tu sais si de la servitude
320 Je prétends faire encore une longue habitude ;
Tu sais si pour jamais, de ma chute étonné[3],
Je renonce à l'empire où[4] j'étais destiné.
Mais je suis seul encor : les amis de mon père
Sont autant d'inconnus que glace ma misère,
325 Et ma jeunesse même écarte loin de moi
Tous ceux qui dans le cœur me réservent leur foi.
Pour moi, depuis un an qu'un peu d'expérience
M'a donné de mon sort la triste connaissance,
Que vois-je autour de moi, que des amis vendus
330 Qui sont de tous mes pas les témoins assidus,
Qui choisis par Néron pour ce commerce infâme,
Trafiquent avec lui des secrets de mon âme ?
Quoi qu'il en soit, Narcisse, on me vend[5] tous les jours :

---

1. *A de ses derniers jours* [...] *précipité le cours ?* : Agrippine avait fait empoisonner Claude.
\ 2. *Chagrins* : sens fort de « ressentiment ». \ 3. *Étonné* : frappé comme par la foudre (voir la racine du mot « tonnerre »). \ 4. *Où* : auquel. L'utilisation de « où » en français classique vaut pour la plupart des pronoms relatifs. \ 5. *On me vend* : on me trahit.

Il prévoit mes desseins, il entend mes discours ;
335 Comme toi, dans mon cœur, il sait ce qui se passe.
Que t'en semble, Narcisse ?

NARCISSE

Ah ! quelle âme assez basse...
C'est à vous de choisir des confidents discrets,
Seigneur, et de ne pas prodiguer[1] vos secrets.

BRITANNICUS

Narcisse, tu dis vrai. Mais cette défiance
340 Est toujours d'un grand cœur la dernière science ;
On le trompe longtemps. Mais enfin je te croi[2],
Ou plutôt je fais vœu de ne croire que toi.
Mon père, il m'en souvient, m'assura de ton zèle.
Seul de ses affranchis tu m'es toujours fidèle ;
345 Tes yeux, sur ma conduite incessamment ouverts,
M'ont sauvé jusqu'ici de mille écueils couverts[3].
Va donc voir si le bruit de ce nouvel orage
Aura de nos amis excité le courage.
Examine leurs yeux, observe leurs discours,
350 Vois si j'en puis attendre un fidèle secours.
Surtout dans ce palais remarque avec adresse
Avec quel soin Néron fait garder la princesse :
Sache si du péril ses beaux yeux sont remplis,
Et si son entretien m'est encore permis.
355 Cependant de Néron je vais trouver la mère
Chez Pallas, comme toi l'affranchi de mon père.
Je vais la voir, l'aigrir[4], la suivre et s'il se peut
M'engager sous son nom plus loin qu'elle ne veut.

---

1. *Prodiguer* : confier à n'importe qui. \ 2. *Croi* : mis pour « crois ». Orthographe fréquente au XVIIe siècle, qui permet ici de respecter la règle métrique de la rime pour l'œil : croi/toi. \ 3. *Couverts* : cachés. \ 4. *L'aigrir* : exciter sa colère.

[Handwritten margin notes: "Act I Agrippine is cut off fr... wants to work with Brit... against Néron, who has b... beloved Junie."]

Acte II

[Handwritten note: "1st appearance"]

Scène première

[Handwritten note: "spying?"]

NÉRON, BURRHUS, NARCISSE, GARDES

NÉRON

N'en doutez point, Burrhus : malgré ses injustices,
360 C'est ma mère, et je veux ignorer ses caprices.
Mais je ne prétends plus ignorer ni souffrir
Le ministre insolent qui les ose nourrir.
Pallas de ses conseils empoisonne ma mère ;
Il séduit, chaque jour, Britannicus mon frère,
365 Ils l'écoutent tout seul [1], et qui suivrait leurs pas,
Les trouverait peut-être assemblés chez Pallas.
C'en est trop. De tous deux il faut que je l'écarte.
Pour la dernière fois, qu'il s'éloigne, qu'il parte ;
Je le veux, je l'ordonne ; et que la fin du jour
370 Ne le retrouve pas dans Rome ou dans ma cour.
Allez : cet ordre importe au salut de l'empire.
Vous, Narcisse, approchez. Et vous, qu'on se retire.

[Handwritten margin note: "he's winning – he knows what's going on"]

---

1. *Ils l'écoutent tout seul* : ils n'écoutent que lui.

Scène 2

NÉRON, NARCISSE

NARCISSE

Grâces aux Dieux, Seigneur, Junie entre vos mains
Vous assure[1] aujourd'hui du reste des Romains.
375 Vos ennemis, déchus de leur vaine espérance,
Sont allés chez Pallas pleurer leur impuissance.
Mais que vois-je ? Vous-même, inquiet, étonné[2],
Plus que Britannicus paraissez consterné.
Que présage à mes yeux cette tristesse obscure
380 Et ces sombres regards errants à l'aventure ?
Tout vous rit : la fortune obéit à vos voeux.

NÉRON

Narcisse, c'en est fait, Néron est amoureux.

NARCISSE

Vous ?

NÉRON

Depuis un moment, mais pour toute ma vie,
J'aime, que dis-je, aimer ? j'idolâtre Junie !

NARCISSE

385 Vous l'aimez ?

NÉRON

Excité d'un désir curieux,
Cette nuit je l'ai vue arriver en ces lieux,
Triste, levant au ciel ses yeux mouillés de larmes,
Qui brillaient au travers des flambeaux et des armes,

---

1. *Vous assure du :* vous donne comme appui. \ 2. *Étonné :* comme frappé par la foudre.

Belle, sans ornements, dans le simple appareil[1]
390 D'une beauté qu'on vient d'arracher au sommeil.
Que veux-tu? Je ne sais si cette négligence[2],
Les ombres, les flambeaux, les cris et le silence,
Et le farouche aspect de ses fiers[3] ravisseurs,
Relevaient de ses yeux les timides douceurs,
395 Quoi qu'il en soit, ravi d'une si belle vue,
J'ai voulu lui parler, et ma voix s'est perdue :
Immobile, saisi d'un long étonnement[4],
Je l'ai laissé passer dans son appartement.
J'ai passé dans le mien. C'est là que, solitaire,
400 De son image en vain j'ai voulu me distraire.
Trop présente à mes yeux je croyais lui parler,
J'aimais jusqu'à ses pleurs que je faisais couler.
Quelquefois, mais trop tard, je lui demandais grâce ;
J'employais les soupirs, et même la menace.
405 Voilà comme[5], occupé de mon nouvel amour,
Mes yeux, sans se fermer, ont attendu le jour.
Mais je m'en fais peut-être une trop belle image,
Elle m'est apparue avec trop d'avantage :
Narcisse, qu'en dis-tu?

scene inside his head after first encounter

NARCISSE
Quoi, Seigneur? croira-t-on
410 Qu'elle ait pu si longtemps se cacher à Néron?

NÉRON
Tu le sais bien, Narcisse. Et soit que sa colère
M'imputât le malheur qui lui ravit son frère[6],
Soit que son cœur, jaloux d'une austère fierté,

---

1. *Appareil* : toilette, tenue. \ 2. *Négligence* : aspect négligé. \ 3. *Fiers* : cruels. \ 4. *Étonnement* : sens fort de «bouleversement». \ 5. *Comme* : comment. \ 6. *Son frère* : Silanus.

Enviât à nos yeux sa naissante beauté,
415 Fidèle à sa douleur, et dans l'ombre enfermée,
Elle se dérobait même à sa renommée.
Et c'est cette vertu, si nouvelle à la cour,
Dont la persévérance irrite mon amour.
Quoi, Narcisse? tandis qu'il n'est point de Romaine
420 Que mon amour n'honore et ne rende plus vaine[1],
Qui dès qu'à ses regards elle ose se fier,
Sur le cœur de César ne les vienne essayer,
Seule dans son palais la modeste Junie
Regarde leurs honneurs comme une ignominie,
425 Fuit, et ne daigne pas peut-être s'informer
Si César est aimable[2] ou bien s'il sait aimer?
Dis-moi : Britannicus l'aime-t-il?

NARCISSE

                    Quoi! s'il l'aime,
Seigneur?

NÉRON

            Si jeune[3] encor[4], se connaît-il lui-même?
D'un regard enchanteur connaît-il le poison?

NARCISSE

430 Seigneur, l'amour toujours n'attend pas la raison.
N'en doutez point, il l'aime. Instruits par tant de charmes,
Ses yeux sont déjà faits à l'usage des larmes.
À ses moindres désirs il sait s'accommoder,
Et peut-être déjà sait-il persuader.

---

1. *Vaine :* vaniteuse. \ 2. *Aimable :* digne d'être aimé. \ 3. *Si jeune :* le Britannicus historique
a quatorze ans au moment de sa mort. \ 4. *Encor :* mis pour « encore ».

NÉRON

435 Que dis-tu ? Sur son cœur il aurait quelque empire ?

NARCISSE

Je ne sais. Mais, Seigneur, ce que je puis vous dire,
Je l'ai vu quelquefois s'arracher de ces lieux,
Le cœur plein d'un courroux qu'il cachait à vos yeux,
D'une cour qui le fuit pleurant l'ingratitude,
440 Las de votre grandeur et de sa servitude,
Entre l'impatience et la crainte flottant,
Il allait voir Junie, et revenait content.

NÉRON

D'autant plus malheureux qu'il aura su lui plaire,
Narcisse, il doit plutôt souhaiter sa colère.
445 Néron impunément[1] ne sera pas jaloux.

NARCISSE

Vous ? Et de quoi, Seigneur, vous inquiétez-vous ?
Junie a pu le plaindre et partager ses peines :
Elle n'a vu couler de larmes que les siennes.
Mais aujourd'hui, Seigneur, que ses yeux dessillés[2]
450 Regardant de plus près l'éclat dont vous brillez,
Verront autour de vous les rois sans diadème,
Inconnus dans la foule, et son amant lui-même,
Attachés sur vos yeux s'honorer d'un regard
Que vous aurez sur eux fait tomber au hasard ;
455 Quand elle vous verra, de ce degré de gloire,
Venir en soupirant avouer sa victoire :
Maître, n'en doutez point, d'un cœur déjà charmé,
Commandez qu'on vous aime, et vous serez aimé.

---

1. *Impunément* : sans punir, sans se venger. \ 2. *Dessillés* : littéralement, « dont on a décousu les cils ». Au sens figuré, « ayant compris ce qui se passe ».

NÉRON

À combien de chagrins il faut que je m'apprête !
460 Que d'importunités !

NARCISSE

Quoi donc ? qui vous arrête,
Seigneur ?

NÉRON

Tout : Octavie, Agrippine, Burrhus,
Sénèque, Rome entière, et trois ans de vertus.
Non que pour Octavie un reste de tendresse
M'attache à son hymen[1] et plaigne sa jeunesse :
465 Mes yeux, depuis longtemps fatigués de ses soins,
Rarement de ses pleurs daignent être témoins ;
Trop heureux, si bientôt la faveur d'un divorce
Me soulageait d'un joug qu'on m'imposa par force[2] !
Le ciel même en secret semble la condamner :
470 Ses vœux[3], depuis quatre ans, ont beau l'importuner,
Les dieux ne montrent point que sa vertu les touche :
D'aucun gage, Narcisse, ils n'honorent sa couche ;
L'empire vainement demande un héritier[4].

NARCISSE

Que tardez-vous, Seigneur, à la répudier ?
475 L'empire, votre cœur, tout condamne Octavie.
Auguste, votre aïeul, soupirait pour Livie :
Par un double divorce[5] ils s'unirent tous deux,
Et vous devez l'empire[6] à ce divorce heureux.

---

1. *Hymen :* mariage. \ 2. *Un joug qu'on m'imposa par force :* Néron fait ici allusion à son mariage avec Octavie, arrangé par Agrippine. \ 3. *Vœux :* prières. \ 4. *Héritier :* Tacite suggère qu'Octavie était stérile. Néron en saisira le prétexte pour la répudier. \ 5. *Divorce :* Auguste divorça d'avec Scribonia, et Livie d'avec Claudius Nero. \ 6. *Et vous devez l'empire à ce divorce heureux :* Livie eut un fils, Drusus, arrière-grand-père de Néron.

Tibère, que l'hymen plaça dans sa famille [1],
480 Osa bien à ses yeux répudier sa fille [2].
Vous seul, jusques ici contraire à vos désirs,
N'osez par un divorce assurer vos plaisirs.

NÉRON

Et ne connais-tu pas l'implacable Agrippine ?
Mon amour inquiet déjà se l'imagine
485 Qui m'amène Octavie, et d'un œil enflammé
Atteste les saints droits d'un nœud qu'elle a formé ;
Et portant à mon cœur des atteintes plus rudes,
Me fait un long récit de mes ingratitudes.
De quel front soutenir ce fâcheux entretien ?

NARCISSE

490 N'êtes-vous pas, Seigneur, votre maître et le sien ?
Vous verrons-nous toujours trembler sous sa tutelle ?
Vivez, régnez pour vous : c'est trop régner pour elle.
Craignez-vous ? Mais, Seigneur, vous ne la craignez pas :
Vous venez de bannir le superbe [3] Pallas,
495 Pallas, dont vous savez qu'elle soutient l'audace.

NÉRON

Éloigné de ses yeux, j'ordonne, je menace,
J'écoute vos conseils, j'ose les approuver ;
Je m'excite contre elle, et tâche à [4] la braver :
Mais (je t'expose ici mon âme toute nue)
500 Sitôt que mon malheur me ramène à sa vue,
Soit que je n'ose encor démentir le pouvoir
De ces yeux où j'ai lu si longtemps mon devoir ;
Soit qu'à tant de bienfaits ma mémoire fidèle

---

1. *Que l'hymen plaça dans sa famille :* Tibère, né du premier mariage de Livie, fut adopté par Auguste. \ **2.** *Sa fille :* Julia, fille d'Auguste et de Scribonia, que Tibère épousa puis répudia. \ **3.** *Superbe :* orgueilleux (du latin *superbus*). \ **4.** *Tâche à :* tâche de.

Lui soumette en secret tout ce que je tiens d'elle,
505 Mais enfin mes efforts ne me servent de rien :
Mon génie[1] étonné[2] tremble devant le sien.
Et c'est pour m'affranchir de cette dépendance,
Que je la fuis partout, que même je l'offense,
Et que de temps en temps j'irrite ses ennuis[3],
510 Afin qu'elle m'évite autant que je la fuis.
Mais je t'arrête[4] trop. Retire-toi, Narcisse ;
Britannicus pourrait t'accuser d'artifice[5].

NARCISSE

Non, non ; Britannicus s'abandonne à ma foi ;
Par son ordre, Seigneur, il croit que je vous voi[6],
515 Que je m'informe ici de tout ce qui le touche,
Et veut de vos secrets être instruit par ma bouche.
Impatient surtout de revoir ses amours,
Il attend de mes soins ce fidèle secours.

NÉRON

J'y consens ; porte-lui cette douce nouvelle :
520 Il la verra.

NARCISSE

Seigneur, bannissez-le loin d'elle.

NÉRON

J'ai mes raisons, Narcisse ; et tu peux concevoir
Que je lui vendrai cher le plaisir de la voir.
Cependant vante-lui ton heureux stratagème,
Dis-lui qu'en sa faveur on me trompe moi-même,

---

1. *Génie* : esprit, caractère (réminiscence du génie romain, divinité personnelle déterminant le caractère). \ 2. *Étonné* : comme frappé par la foudre. \ 3. *Ennuis* : sens fort de «souffrance, tourment». \ 4. *Je t'arrête* : je te retiens. \ 5. *Artifice* : ruse trompeuse. \ 6. *Voi* : mis pour «vois». Cette orthographe permet ici de respecter la règle métrique de la rime pour l'œil : foi/voi.

525 Qu'il la voit sans mon ordre. On ouvre : la voici.
Va retrouver ton maître, et l'amener ici.

Scène 3

NÉRON, JUNIE

NÉRON

Vous vous troublez, Madame, et changez de visage.
Lisez-vous dans mes yeux quelque triste présage ?

JUNIE

Seigneur, je ne vous puis déguiser mon erreur :
530 J'allais voir Octavie, et non pas l'empereur.

NÉRON

Je le sais bien, Madame, et n'ai pu sans envie
Apprendre vos bontés pour l'heureuse Octavie.

JUNIE

Vous, Seigneur ?

NÉRON

Pensez-vous, Madame, qu'en ces lieux,
Seule pour vous connaître Octavie ait des yeux ?

JUNIE

535 Et quel autre, Seigneur, voulez-vous que j'implore ?
À qui demanderai-je un crime que j'ignore ?
Vous qui le punissez, vous ne l'ignorez pas :
De grâce, apprenez-moi, Seigneur, mes attentats [1].

---

1. *Attentats* : crimes.

NÉRON

Quoi, Madame ? est-ce donc une légère offense
540 De m'avoir si longtemps caché votre présence ?
Ces trésors dont le ciel voulut vous embellir,
Les avez-vous reçus pour les ensevelir ?
L'heureux Britannicus verra-t-il sans alarmes
Croître, loin de nos yeux, son amour et vos charmes ?
545 Pourquoi, de cette gloire exclus[1] jusqu'à ce jour,
M'avez-vous, sans pitié, relégué dans ma cour ?
On dit plus : vous souffrez sans en être offensée
Qu'il vous ose, Madame, expliquer sa pensée.
Car je ne croirai point que sans me consulter
550 La sévère Junie ait voulu le flatter,
Ni qu'elle ait consenti d'aimer et d'être aimée,
Sans que j'en sois instruit que[2] par la renommée.

JUNIE

Je ne vous nierai point, Seigneur, que ses soupirs
M'ont daigné quelquefois expliquer ses désirs.
555 Il n'a point détourné ses regards d'une fille,
Seul reste du débris[3] d'une illustre famille.
Peut-être il se souvient qu'en un temps plus heureux
Son père me nomma pour l'objet de ses voeux.
Il m'aime ; il obéit à l'empereur son père,
560 Et j'ose dire encore, à vous, à votre mère :
Vos désirs sont toujours si conformes aux siens...

NÉRON

Ma mère a ses desseins, Madame, et j'ai les miens.
Ne parlons plus ici de Claude et d'Agrippine :
Ce n'est point par leur choix que je me détermine.

---

1. *Exclus* : mis pour « exclu ». Cette orthographe est possible au XVIIe siècle. \ 2. *Que* : autrement que. \ 3. *Débris* : ruines.

565 C'est à moi seul, Madame, à répondre de vous,
Et je veux de ma main vous choisir un époux.

JUNIE

Ah ! Seigneur, songez-vous que toute autre alliance
Fera honte aux Césars, auteurs de ma naissance ?

NÉRON

Non, Madame, l'époux dont je vous entretiens
570 Peut sans honte assembler vos aïeux et les siens,
Vous pouvez, sans rougir, consentir à sa flamme.

JUNIE

Et quel est donc, Seigneur, cet époux ?

NÉRON

                                    Moi, Madame.

JUNIE

Vous ?

NÉRON

            Je vous nommerais, Madame, un autre nom,
Si j'en avais quelque autre au-dessus de Néron.
575 Oui, pour vous faire un choix où[1] vous puissiez souscrire,
J'ai parcouru des yeux la cour, Rome et l'empire.
Plus j'ai cherché, Madame, et plus je cherche encor[2]
En quelles mains je dois confier ce trésor,
Plus je vois que César, digne seul de vous plaire,
580 En doit être lui seul l'heureux dépositaire,
Et ne peut dignement vous confier qu'aux mains
À qui Rome a commis[3] l'empire des humains.

---

1. *Où :* auquel. \ 2. *Encor :* mis pour « encore » (pour la rime masculine). Cette orthographe permet ici de respecter la règle métrique de la rime pour l'œil : encor/trésor. \ 3. *Commis :* confié.

she's meant for B, but only cos he was expected to be emperor.

BRITANNICUS

Vous-même, consultez vos premières années :
Claudius à son fils les avait destinées,
585 Mais c'était en un temps où de l'empire entier
Il croyait quelque jour le nommer l'héritier.
Les dieux ont prononcé. Loin de leur contredire[1],
C'est à vous de passer du côté de l'empire.
En vain de ce présent ils m'auraient honoré,
590 Si votre coeur devait en être séparé,
Si tant de soins ne sont adoucis par vos charmes,
Si tandis que je donne aux veilles, aux alarmes,
Des jours toujours à plaindre et toujours enviés,
Je ne vais quelquefois respirer[2] à vos pieds.
595 Qu'Octavie à vos yeux ne fasse point d'ombrage :
Rome, aussi bien que moi, vous donne son suffrage,
Répudie Octavie, et me fait dénouer
Un hymen[3] que le ciel ne veut point avouer.
Songez-y donc, Madame, et pesez en vous-même
600 Ce choix digne des soins d'un prince qui vous aime,
Digne de vos beaux yeux trop longtemps captivés[4],
Digne de l'univers à qui vous vous devez.

JUNIE

Seigneur, avec raison je demeure étonnée[5].
Je me vois, dans le cours d'une même journée,
605 Comme une criminelle amenée en ces lieux ;
Et lorsque avec frayeur je parais à vos yeux,
Que sur mon innocence à peine je me fie,
Vous m'offrez tout d'un coup la place d'Octavie.
J'ose dire pourtant que je n'ai mérité
610 Ni cet excès d'honneur, ni cette indignité.
Et pouvez-vous, Seigneur, souhaiter qu'une fille

---

1. *Contredire* : ce verbe est intransitif au XVIIe siècle. \ **2.** *Respirer* : trouver le repos. \ **3.** *Hymen* : mariage. \ **4.** *Captivés* : retenus captifs (loin de la Cour). \ **5.** *Étonnée* : comme frappée par la foudre.

Qui vit presque en naissant éteindre sa famille,
Qui dans l'obscurité nourrissant sa douleur,
S'est fait une vertu conforme à son malheur,
615 Passe subitement de cette nuit profonde
Dans un rang qui l'expose aux yeux de tout le monde,
Dont je n'ai pu de loin soutenir la clarté,
Et dont une autre [1] enfin remplit la majesté ?

(Octavie)

NÉRON

Je vous ai déjà dit que je la répudie.
620 Ayez moins de frayeur, ou moins de modestie.
N'accusez point ici mon choix d'aveuglement ;
Je vous réponds de vous ; consentez seulement.
Du sang dont vous sortez rappelez la mémoire,
Et ne préférez point à la solide gloire
625 Des honneurs dont César prétend vous revêtir,
La gloire d'un refus sujet au repentir.

JUNIE

Le ciel connaît, Seigneur, le fond de ma pensée.
Je ne me flatte point d'une gloire insensée :
Je sais de vos présents mesurer la grandeur ;
630 Mais plus ce rang sur moi répandrait de splendeur,
Plus il me ferait honte, et mettrait en lumière
Le crime d'en avoir dépouillé l'héritière.

NÉRON

C'est de ses intérêts prendre beaucoup de soin,
Madame ; et l'amitié ne peut aller plus loin.
635 Mais ne nous flattons point, et laissons le mystère :
La soeur vous touche ici beaucoup moins que le frère,
Et pour Britannicus...

---

1. *Une autre :* Octavie.

JUNIE

Il a su me toucher,
Seigneur, et je n'ai point prétendu m'en cacher.
Cette sincérité sans doute est peu discrète ;
640 Mais toujours de mon cœur ma bouche est l'interprète.
Absente de la cour, je n'ai pas dû penser,
Seigneur, qu'en l'art de feindre il fallût m'exercer.
J'aime Britannicus. Je lui fus destinée
Quand l'empire devait suivre son hyménée[1] :
645 Mais ces mêmes malheurs qui l'en ont écarté,
Ses honneurs abolis, son palais déserté,
La fuite d'une cour que sa chute a bannie,
Sont autant de liens qui retiennent Junie.
Tout ce que vous voyez conspire à[2] vos désirs ;
650 Vos jours toujours sereins coulent dans les plaisirs :
L'empire en est pour vous l'inépuisable source ;
Ou, si quelque chagrin en interrompt la course,
Tout l'univers soigneux de les entretenir,
S'empresse à l'effacer de votre souvenir.
655 Britannicus est seul. Quelque ennui[3] qui le presse[4],
Il ne voit, dans son sort, que moi qui s'intéresse,
Et n'a pour tout plaisir, Seigneur, que quelques pleurs
Qui lui font quelquefois oublier ses malheurs.

NÉRON

Et ce sont ces plaisirs et ces pleurs que j'envie,
660 Que tout autre que lui me paierait de sa vie.
Mais je garde à ce prince un traitement plus doux :
Madame, il va bientôt paraître devant vous.

---

1. *Hyménée* : mariage. \ 2. *Conspire à* : contribue à satisfaire. \ 3. *Ennui* : sens fort de « souffrance, tourment ». \ 4. *Presse* : oppresse.

JUNIE

Ah, Seigneur ! vos vertus m'ont toujours rassurée.

NÉRON

Je pouvais de ces lieux lui défendre l'entrée ;
665 Mais, Madame, je veux prévenir le danger
Où son ressentiment le pourrait engager.
Je ne veux point le perdre : il vaut mieux que lui-même
Entende son arrêt de la bouche qu'il aime.
Si ses jours vous sont chers, éloignez-le de vous,
670 Sans qu'il ait aucun lieu de me croire jaloux.
De son bannissement prenez sur vous l'offense,
Et soit par vos discours, soit par votre silence,
Du moins par vos froideurs, faites-lui concevoir
Qu'il doit porter ailleurs ses vœux et son espoir.

JUNIE

675 Moi ! que je lui prononce un arrêt si sévère ?
Ma bouche mille fois lui jura le contraire.
Quand même[1] jusque-là je pourrais me trahir,
Mes yeux lui défendront, Seigneur, de m'obéir.

NÉRON

Caché près de ces lieux, je vous verrai, Madame.
680 Renfermez votre amour dans le fond de votre âme.
Vous n'aurez point pour moi de langages secrets :
J'entendrai[2] des regards que vous croirez muets,
Et sa perte sera l'infaillible salaire
D'un geste ou d'un soupir échappé pour lui plaire.

---

1. *Quand même* : même si. \ 2. *J'entendrai* : je comprendrai (mais l'ambiguïté est ici intéressante).

JUNIE

685 Hélas ! si j'ose encor [1] former quelques souhaits,
Seigneur, permettez-moi de ne le voir jamais.

Scène 4

NÉRON, JUNIE, NARCISSE

NARCISSE

Britannicus, Seigneur, demande la Princesse :
Il approche.

NÉRON

Qu'il vienne.

JUNIE

Ah ! Seigneur !

NÉRON

Je vous laisse.

Sa fortune [2] dépend de vous plus que de moi :
690 Madame, en le voyant, songez que je vous voi [3].

---

1. *Encor* : mis pour « encore ». \ 2. *Fortune* : destin, sort. \ 3. *Voi* : mis pour « vois ». Cette orthographe permet ici de respecter la règle métrique de la rime pour l'œil : moi/voi.

Scène 5

JUNIE, NARCISSE

JUNIE

Ah ! cher Narcisse, cours au-devant de ton maître :
Dis-lui... Je suis perdue, et je le vois paraître !

Scène 6

JUNIE, BRITANNICUS, NARCISSE

BRITANNICUS

Madame, quel bonheur me rapproche de vous ?
Quoi ? je puis donc jouir d'un entretien si doux ?
695 Mais parmi ce plaisir, quel chagrin me dévore !
Hélas ! puis-je espérer de vous revoir encore ?
Faut-il que je dérobe, avec mille détours,
Un bonheur que vos yeux m'accordaient tous les jours ?
Quelle nuit ! quel réveil ! Vos pleurs, votre présence
700 N'ont point de ces cruels désarmé l'insolence ?
Que faisait votre amant ? Quel démon envieux
M'a refusé l'honneur de mourir à vos yeux ?
Hélas ! dans la frayeur dont vous étiez atteinte,
M'avez-vous en secret adressé quelque plainte ?
705 Ma princesse, avez-vous daigné me souhaiter ?
Songiez-vous aux douleurs que vous m'alliez coûter ?
Vous ne me dites rien ? Quel accueil ! Quelle glace[1] !
Est-ce ainsi que vos yeux consolent ma disgrâce ?
Parlez : nous sommes seuls. Notre ennemi trompé

---

1. *Glace* : froideur.

710 Tandis que je vous parle est ailleurs occupé.
Ménageons[1] les moments de cette heureuse absence.

JUNIE

Vous êtes en des lieux tout pleins de sa puissance.
Ces murs mêmes, Seigneur, peuvent avoir des yeux,
Et jamais l'empereur n'est absent de ces lieux.

BRITANNICUS

715 Et depuis quand, Madame, êtes-vous si craintive ?
Quoi ? déjà votre amour souffre qu'on le captive ?
Qu'est devenu ce cœur qui me jurait toujours
De faire à Néron même envier nos amours ?
Mais bannissez, Madame, une inutile crainte.
720 La foi dans tous les cœurs n'est pas encore éteinte ;
Chacun semble des yeux approuver mon courroux,
La mère de Néron se déclare pour nous,
Rome, de sa conduite elle-même offensée...

JUNIE

Ah ! Seigneur, vous parlez contre votre pensée.
725 Vous-même, vous m'avez avoué mille fois
Que Rome le louait d'une commune voix ;
Toujours à sa vertu vous rendiez quelque hommage.
Sans doute la douleur vous dicte ce langage.

BRITANNICUS

Ce discours me surprend, il le faut avouer.
730 Je ne vous cherchais pas pour l'entendre louer.
Quoi ? pour vous confier la douleur qui m'accable,
À peine je dérobe un moment favorable,
Et ce moment si cher, Madame, est consumé

---

1. *Ménageons* : profitons de.

À louer l'ennemi dont[1] je suis opprimé ?
735 Qui vous rend à vous-même, en un jour, si contraire ?
Quoi ! même vos regards ont appris à se taire ?
Que vois-je ? Vous craignez de rencontrer mes yeux ?
Néron vous plairait-il ? Vous serais-je odieux ?
Ah ! si je le croyais... Au nom des dieux, Madame,
740 Éclaircissez le trouble où vous jetez mon âme.
Parlez. Ne suis-je plus dans votre souvenir ?

JUNIE

Retirez-vous, Seigneur ; l'empereur va venir.

BRITANNICUS

Après ce coup, Narcisse, à qui dois-je m'attendre[2] ?

Scène 7

NÉRON, JUNIE, NARCISSE

NÉRON

Madame...

JUNIE

Non, Seigneur, je ne puis rien entendre.
745 Vous êtes obéi. Laissez couler du moins
Des larmes dont ses yeux ne seront pas témoins.

---

1. *Dont :* par lequel. \ **2.** *M'attendre à :* me fier à.

Scène 8

NÉRON, NARCISSE

NÉRON

Eh bien ! de leur amour tu vois la violence,
Narcisse : elle a paru jusque dans son silence !
Elle aime mon rival, je ne puis l'ignorer ;
750 Mais je mettrai ma joie à le désespérer.
Je me fais de sa peine une image charmante,
Et je l'ai vu douter du cœur de son amante.
Je la suis. Mon rival t'attend pour éclater :
Par de nouveaux soupçons, va, cours le tourmenter.
755 Et tandis qu'à mes yeux on le pleure, on l'adore,
Fais-lui payer bien cher un bonheur qu'il ignore.

NARCISSE, *seul.*

La fortune[1] t'appelle une seconde fois[2],
Narcisse : voudrais-tu résister à sa voix ?
Suivons jusques au[3] bout ses ordres favorables ;
760 Et pour nous rendre heureux, perdons les misérables.

---

1. *Fortune :* destin. \ **2.** *Une seconde fois :* Narcisse avait été autrefois le favori de Claude, mais avait été supplanté par Pallas. Rappelons qu'en réalité, Agrippine avait demandé la mort de Narcisse à Néron dès son accession au trône. \ **3.** *Jusques au :* mis pour « jusqu'au ». Cette orthographe, possible au XVIIe siècle, permet, en ajoutant une syllabe au vers, d'en faire un alexandrin.

Acte III

Scène première [1]

NÉRON, BURRHUS

BURRHUS

Pallas obéira, Seigneur.

NÉRON

Et de quel œil
Ma mère a-t-elle vu confondre son orgueil ?

BURRHUS

Ne doutez point, Seigneur, que ce coup ne la frappe,
Qu'en reproches bientôt sa douleur ne s'échappe.
765 Ses transports [2] dès longtemps commencent d'éclater.
À d'inutiles cris puissent-ils s'arrêter !

NÉRON

Quoi ? de quelque dessein la croyez-vous capable ?

BURRHUS

Agrippine, Seigneur, est toujours redoutable.
Rome et tous vos soldats révèrent ses aïeux ;
770 Germanicus son père est présent à leurs yeux.

---

1. *Scène première :* Racine avait d'abord placé ici une première scène entre Narcisse et Burrhus. Pour le texte de cette scène, voir *Britannicus*, Gallimard, coll. «Folio», p.191.
\ 2. *Transports :* manifestation exacerbée d'un sentiment (ici, la douleur).

Elle sait son pouvoir ; vous savez son courage ;
Et ce qui me la fait redouter davantage,
C'est que vous appuyez [1] vous-même son courroux
Et que vous lui donnez des armes contre vous.

NÉRON

775 Moi, Burrhus ?

BURRHUS

Cet amour, Seigneur, qui vous possède...

NÉRON

Je vous entends, Burrhus. Le mal est sans remède.
Mon cœur s'en est plus dit que vous ne m'en direz ;
Il faut que j'aime enfin.

BURRHUS

Vous vous le figurez,
Seigneur ; et satisfait de quelque résistance,
780 Vous redoutez un mal faible dans sa naissance [2].
Mais si, dans son devoir, votre cœur affermi
Voulait ne point s'entendre avec son ennemi [3],
Si de vos premiers ans vous consultiez la gloire,
Si vous daigniez, Seigneur, rappeler la mémoire
785 Des vertus d'Octavie, indignes de [4] ce prix,
Et de son chaste amour vainqueur de vos mépris,
Surtout si, de Junie évitant la présence,
Vous condamniez vos yeux à quelques jours d'absence :
Croyez-moi, quelque amour qui semble vous charmer,
790 On n'aime point, Seigneur, si l'on ne veut aimer.

---

1. *Apppuyez* : favorisez. \ **2.** *Et satisfait de quelque résistance / Vous redoutez un mal faible dans sa naissance* : vous contentant d'avoir à peine résisté, vous craignez de souffrir d'un amour naissant qui n'est pas encore violent. \ **3.** *Ennemi* : l'amour, conçu ici comme l'ennemi du devoir. \ **4.** *Indignes de* : qui ne méritent pas (pas de sens péjoratif ici).

NÉRON

Je vous croirai, Burrhus, lorsque dans les alarmes
Il faudra soutenir la gloire de nos armes,
Ou lorsque, plus tranquille, assis dans le sénat,
Il faudra décider du destin de l'État :
795 Je m'en reposerai sur votre expérience[1].
Mais, croyez-moi, l'amour est une autre science,
Burrhus, et je ferais quelque difficulté
D'abaisser jusque-là votre sévérité.
Adieu. Je souffre trop, éloigné de Junie.

Scène 2

BURRHUS, *seul.*

800 Enfin, Burrhus, Néron découvre son génie[2] :
Cette férocité que tu croyais fléchir,
De tes faibles liens est prête à s'affranchir.
En quels excès peut-être elle va se répandre !
Ô dieux ! en ce malheur quel conseil[3] dois-je prendre ?
805 Sénèque, dont les soins[4] me devraient soulager,
Occupé loin de Rome, ignore ce danger.
Mais quoi ? si d'Agrippine excitant la tendresse
Je pouvais... La voici : mon bonheur me l'adresse.

---

1. *Expérience :* Burrhus s'est illustré comme militaire. \ **2.***Génie :* esprit, caractère. \ **3.***Conseil :* décision. \ **4.** *Soins :* soutien.

Scène 3

AGRIPPINE, BURRHUS, ALBINE

AGRIPPINE

Eh bien ! je me trompais, Burrhus, dans mes soupçons ?
810 Et vous vous signalez par d'illustres leçons !
On exile Pallas, dont le crime peut-être
Est d'avoir à l'empire élevé votre maître.
Vous le savez trop bien : jamais, sans ses avis,
Claude qu'il gouvernait n'eût adopté mon fils.
815 Que dis-je ? À son épouse on donne une rivale ;
On affranchit Néron de la foi conjugale !
Digne emploi d'un ministre ennemi des flatteurs,
Choisi pour mettre un frein à ses jeunes ardeurs,
De les flatter lui-même, et nourrir dans son âme
820 Le mépris de sa mère et l'oubli de sa femme !

BURRHUS

Madame, jusqu'ici c'est trop tôt m'accuser.
L'empereur n'a rien fait qu'on ne puisse excuser.
N'imputez qu'à Pallas un exil nécessaire :
Son orgueil dès[1] longtemps exigeait ce salaire,
825 Et l'empereur ne fait qu'accomplir à regret
Ce que toute la cour demandait en secret.
Le reste est un malheur qui n'est point sans ressource :
Des larmes d'Octavie on peut tarir la source.
Mais calmez vos transports[2]. Par un chemin plus doux,
830 Vous lui pourrez plus tôt ramener son époux :
Les menaces, les cris le rendront plus farouche[3].

---

1. *Dès* : depuis. \ 2. *Transports* : manifestation exacerbée d'un sentiment (ici, la colère).
\ 3. *Farouche* : méfiant comme un animal sauvage (même origine que « féroce »).

AGRIPPINE

Ah ! l'on s'efforce en vain de me fermer la bouche.

Je vois que mon silence irrite vos dédains,

Et c'est trop respecter l'ouvrage de mes mains[1].

835 Pallas n'emporte pas tout l'appui d'Agrippine :

Le ciel m'en laisse assez pour venger ma ruine.

Le fils de Claudius[2] commence à ressentir

Des crimes dont je n'ai que le seul repentir.

J'irai, n'en doutez point, le montrer à l'armée[3],

840 Plaindre aux yeux des soldats son enfance opprimée,

Leur faire, à mon exemple, expier leur erreur.

On verra d'un côté le fils d'un empereur

Redemandant la foi jurée à sa famille,

Et de Germanicus on entendra la fille ;

845 De l'autre, l'on verra le fils d'Ænobarbus[4],

Appuyé de Sénèque et du tribun Burrhus,

Qui tous deux, de l'exil rappelés par moi-même,

Partagent à mes yeux l'autorité suprême.

De nos crimes communs je veux qu'on soit instruit ;

850 On saura les chemins par où je l'ai conduit.

Pour rendre sa puissance et la vôtre odieuses,

J'avouerai les rumeurs les plus injurieuses :

Je confesserai tout, exil, assassinats,

Poison même[5]...

BURRHUS

Madame, ils ne vous croiront pas.

855 Ils sauront récuser l'injuste stratagème

---

1. *L'ouvrage de mes mains* : Agrippine a permis à Néron d'accéder au trône et à Burrhus de devenir gouverneur. \ 2. *Le fils de Claudius* : Britannicus. \ 3. *Montrer à l'armée* : l'accession au pouvoir passait par un applaudissement de toute l'armée. \ 4. *Le fils d'Ænobarbus* : Néron. Agrippine rappelle ici que Néron n'est qu'un fils adoptif de l'empereur Claude. \ 5. *Je confesserai tout, exil, assassinats, / Poison même…* : voir le récit qu'Agrippine fait de ses propres crimes à la scène 4 de l'acte II.

D'un témoin irrité qui s'accuse lui-même.
Pour moi, qui le premier secondai vos desseins,
Qui fis même jurer l'armée entre ses mains[1],
Je ne me repens point de ce zèle sincère.
860   Madame, c'est un fils qui succède à son père.
En adoptant Néron, Claudius par son choix
De son fils et du vôtre a confondu les droits.
Rome l'a pu choisir. Ainsi, sans être injuste,
Elle choisit Tibère adopté par Auguste ;
865   Et le jeune Agrippa[2], de son sang descendu[3],
Se vit exclu du rang vainement prétendu.
Sur tant de fondements sa puissance établie
Par vous-même aujourd'hui ne peut être affaiblie :
Et s'il m'écoute encor[4], Madame, sa bonté
870   Vous en fera bientôt perdre la volonté.
J'ai commencé, je vais poursuivre mon ouvrage.

Scène 4

AGRIPPINE, ALBINE

ALBINE

Dans quel emportement la douleur vous engage,
Madame ! L'empereur puisse-t-il l'ignorer !

AGRIPPINE

Ah ! lui-même à mes yeux puisse-t-il se montrer !

---

1. *Pour moi, qui le premier secondai vos desseins, / Qui fis même jurer l'armée entre ses mains :* c'est Burrhus qui, selon Tacite, avait présenté Néron à l'armée. \ 2. *Agrippa :* Agrippa était petit-fils d'Auguste et prétendant légitime au pouvoir, mais il en fut écarté par Tibère ; la situation est similaire entre Britannicus et Néron. \ 3. *Descendu :* déchu. \ 4. *Encor :* mis pour « encore ».

ALBINE

875 Madame, au nom des dieux, cachez votre colère.
Quoi ? pour les intérêts de la soeur ou du frère[1],
Faut-il sacrifier le repos de vos jours ?
Contraindrez-vous César jusque dans ses amours ?

AGRIPPINE

Quoi ? tu ne vois donc pas jusqu'où l'on me ravale,
880 Albine ? C'est à moi qu'on donne une rivale.
Bientôt, si je ne romps ce funeste lien,
Ma place est occupée et je ne suis plus rien.
Jusqu'ici d'un vain titre Octavie honorée,
Inutile à la cour, en était ignorée.
885 Les grâces, les honneurs, par moi seule versés,
M'attiraient des mortels les vœux intéressés.
Une autre de César a surpris la tendresse :
Elle aura le pouvoir d'épouse et de maîtresse,
Le fruit de tant de soins, la pompe[2] des Césars,
890 Tout deviendra le prix d'un seul de ses regards.
Que dis-je ? l'on m'évite, et déjà délaissée...
Ah ! je ne puis, Albine, en souffrir la pensée.
Quand je devrais du Ciel hâter l'arrêt fatal[3],
Néron, l'ingrat Néron... Mais voici son rival.

---

1. *De la sœur ou du frère :* Octavie et Britannicus. \ 2. *La pompe :* le faste. \ 3. *Arrêt fatal :* allusion à la prédiction faite à Agrippine selon laquelle Néron serait un jour empereur et tuerait sa mère.

Scène 5

BRITANNICUS, AGRIPPINE, NARCISSE, ALBINE

BRITANNICUS

895 Nos ennemis communs ne sont pas invincibles,
Madame, nos malheurs trouvent des coeurs sensibles.
Vos amis et les miens, jusqu'alors si secrets,
Tandis que nous perdions le temps en vains regrets,
Animés du courroux qu'allume l'injustice,
900 Viennent de confier leur douleur à Narcisse.
Néron n'est pas encor[1] tranquille possesseur
De l'ingrate qu'il aime au mépris de ma soeur[2].
Si vous êtes toujours sensible à son injure,
On peut dans son devoir ramener le parjure.
905 La moitié du sénat s'intéresse pour nous[3] :
Sylla, Pison, Plautus[4]…

AGRIPPINE

Prince, que dites-vous ?
Sylla, Pison, Plautus ! les chefs de la noblesse !

BRITANNICUS

Madame, je vois bien que ce discours vous blesse ;
Et que votre courroux, tremblant, irrésolu,
910 Craint déjà d'obtenir tout ce qu'il a voulu.
Non, vous avez trop bien établi[5] ma disgrâce :
D'aucun ami pour moi ne redoutez l'audace.
Il ne m'en reste plus, et vos soins trop prudents
Les ont tous écartés ou séduits[6] dès[7] longtemps.

---

1. *Encor* : mis pour « encore ». \ 2. *Ma sœur* : Octavie. \ 3. *S'intéresse pour nous* : est de notre côté. \ 4. *Sylla, Pison, Plautus* : ces trois sénateurs conspirèrent contre Néron et furent exécutés. \ 5. *Établi* : assuré. \ 6. *Séduits* : corrompus. \ 7. *Dès* : depuis.

AGRIPPINE

915 Seigneur, à vos soupçons donnez moins de créance[1] :
Notre salut dépend de notre intelligence[2].
J'ai promis, il suffit. Malgré vos ennemis,
Je ne révoque rien de ce que j'ai promis.
Le coupable Néron fuit en vain ma colère :
920 Tôt ou tard il faudra qu'il entende sa mère.
J'essaierai tour à tour la force et la douceur,
Ou moi-même, avec moi conduisant votre soeur,
J'irai semer partout ma crainte et ses alarmes,
Et ranger tous les coeurs du parti de ses larmes.
925 Adieu. J'assiégerai Néron de toutes parts.
Vous, si vous m'en croyez, évitez ses regards.

Scène 6

BRITANNICUS, NARCISSE

BRITANNICUS

Ne m'as-tu point flatté d'une fausse espérance ?
Puis-je sur ton récit fonder quelque assurance,
Narcisse ?

NARCISSE

Oui. Mais, Seigneur, ce n'est pas en ces lieux
930 Qu'il faut développer[3] ce mystère à vos yeux.
Sortons. Qu'attendez-vous ?

---

1. *Créance* : confiance. Le vers signifie donc : « Ne vous fiez pas à vos soupçons ». \2. *Intelligence* : entente. \3. *Développer* : expliquer, dévoiler.

BRITANNICUS

Ce que j'attends, Narcisse ?
Hélas !

NARCISSE

Expliquez-vous.

BRITANNICUS

Si par ton artifice [1],
Je pouvais revoir...

NARCISSE

Qui ?

BRITANNICUS

J'en rougis. Mais enfin
D'un coeur moins agité j'attendrais mon destin.

935   NARCISSE

Après tous mes discours, vous la croyez fidèle ?

BRITANNICUS

Non, je la crois, Narcisse, ingrate, criminelle,
Digne de mon courroux ; mais je sens, malgré moi,
Que je ne le crois pas autant que je le doi [2].
940   Dans ses égarements mon coeur opiniâtre
Lui prête des raisons, l'excuse, l'idolâtre.
Je voudrais vaincre enfin mon incrédulité,
Je la voudrais haïr avec tranquillité.
Et qui croira qu'un coeur si grand en apparence,
945   D'une infidèle cour ennemi dès l'enfance,
Renonce à tant de gloire, et dès le premier jour

---

1. *Artifice :* ruse. \ 2. *Doi :* mis pour « dois » Cette orthographe permet ici de respecter la règle métrique de la rime pour l'œil : moi/doi.

Trame une perfidie inouïe à la cour ?

NARCISSE

Et qui sait si l'ingrate, en sa longue retraite,
N'a point de l'empereur médité la défaite[1] ?
950 Trop sûre que ses yeux ne pouvaient se cacher,
Peut-être elle fuyait pour se faire chercher,
Pour exciter Néron par la gloire pénible
De vaincre une fierté jusqu'alors invincible.

BRITANNICUS

Je ne la puis donc voir ?

NARCISSE

                                            Seigneur, en ce moment
Elle reçoit les vœux de son nouvel amant.

BRITANNICUS

Eh bien ! Narcisse, allons. Mais que vois-je ? C'est elle.

955   NARCISSE, *à part.*
Ah, dieux ! À l'empereur portons cette nouvelle.

---

1. *Défaite* : ce terme, emprunté au vocabulaire de la guerre, signifie dans le vocabulaire galant « soumission amoureuse ». Junie aurait prévu que Néron succomberait à ses charmes.

Scène 7

BRITANNICUS, JUNIE

JUNIE

Retirez-vous, Seigneur, et fuyez un courroux
Que ma persévérance allume contre vous.
Néron est irrité. Je me suis échappée
960 Tandis qu'à l'arrêter sa mère est occupée.
Adieu ; réservez-vous, sans blesser mon amour,
Au plaisir de me voir justifier un jour ;
Votre image sans cesse est présente à mon âme :
Rien ne l'en peut bannir.

BRITANNICUS

                    Je vous entends, Madame ;
965 Vous voulez que ma fuite assure vos désirs,
Que je laisse un champ libre à vos nouveaux soupirs.
Sans doute, en me voyant, une pudeur[1] secrète
Ne vous laisse goûter qu'une joie inquiète.
Eh bien ! il faut partir.

JUNIE

                    Seigneur, sans m'imputer...

BRITANNICUS

970 Ah ! vous deviez du moins plus longtemps disputer[2].
Je ne murmure[3] point qu'une amitié commune[4]
Se range du parti que flatte la fortune ;
Que l'éclat d'un empire ait pu vous éblouir ;
Qu'aux dépens de ma sœur vous en vouliez jouir ;
975 Mais que de ces grandeurs comme une autre occupée

---

1. *Pudeur :* honte. \ **2.** *Disputer :* résister. \ **3.** *Murmurer :* se plaindre avec une colère sourde.
\ **4.** *Une amitié commune :* un amour ordinaire.

Vous m'en ayez paru si longtemps détrompée [1],
Non, je l'avoue encor [2], mon cœur désespéré
Contre ce seul malheur n'était point préparé.
J'ai vu sur ma ruine élever l'injustice ;
980 De mes persécuteurs j'ai vu le ciel complice ;
Tant d'horreurs n'avaient point épuisé son courroux,
Madame ; il me restait d'être oublié de vous.

JUNIE

Dans un temps plus heureux ma juste impatience
Vous ferait repentir de votre défiance.
985 Mais Néron vous menace : en ce pressant danger,
Seigneur, j'ai d'autres soins [3] que de vous affliger.
Allez, rassurez-vous, et cessez de vous plaindre.
Néron nous écoutait, et m'ordonnait de feindre.

BRITANNICUS

Quoi ? le cruel...

JUNIE

Témoin de tout notre entretien,
990 D'un visage sévère examinait le mien,
Prêt à faire sur vous éclater la vengeance
D'un geste confident de [4] notre intelligence [5].

BRITANNICUS

Néron nous écoutait, Madame ! Mais, hélas !
Vos yeux auraient pu feindre et ne m'abuser pas ;
995 Ils pouvaient me nommer l'auteur de cet outrage.
L'amour est-il muet, ou n'a-t-il qu'un langage ?
De quel trouble un regard pouvait me préserver !
Il fallait...

---

1. *Détrompée* : désabusée. \ 2. *Encor* : mis pour « encore ». \ 3. *Soins* : soucis. \ 4. *Confident de* : qui aurait trahi. \ 5. *Intelligence* : complicité.

JUNIE

Il fallait me taire et vous sauver.
Combien de fois, hélas ! puisqu'il faut vous le dire,
1000 Mon cœur de son désordre[1] allait-il vous instruire ?
De combien de soupirs interrompant le cours
Ai-je évité vos yeux que je cherchais toujours ?
Quel tourment de se taire en voyant ce qu'on aime,
De l'entendre gémir, de l'affliger soi-même,
1005 Lorsque par un regard on peut le consoler !
Mais quels pleurs ce regard aurait-il fait couler !
Ah ! dans ce souvenir, inquiète, troublée,
Je ne me sentais pas assez dissimulée.
De mon front effrayé je craignais la pâleur,
1010 Je trouvais mes regards trop pleins de ma douleur.
Sans cesse il me semblait que Néron en colère
Me venait reprocher trop de soin de vous plaire,
Je craignais mon amour vainement renfermé,
Enfin, j'aurais voulu n'avoir jamais aimé.
1015 Hélas ! pour son bonheur, Seigneur, et pour le nôtre,
Il n'est que trop instruit de mon cœur et du vôtre !
Allez, encore un coup[2], cachez-vous à ses yeux :
Mon cœur plus à loisir vous éclaircira mieux.
De mille autres secrets j'aurais compte à vous rendre.

BRITANNICUS

1020 Ah ! n'en voilà que trop. C'est trop me faire entendre,
Madame, mon bonheur, mon crime, vos bontés.
Et savez-vous pour moi tout ce que vous quittez ?
Quand pourrai-je à vos pieds expier ce reproche ?

JUNIE

Que faites-vous ? Hélas ! votre rival s'approche.

1. *Désordre :* trouble. \ 2. *Encore un coup :* encore une fois.

72

Scène 8

NÉRON, BRITANNICUS, JUNIE

NÉRON

1025 Prince, continuez des transports[1] si charmants.
Je conçois vos bontés par ses remerciements,
Madame. À vos genoux je viens de le surprendre,
Mais il aurait aussi quelque grâce à me rendre :
Ce lieu le favorise, et je vous y retiens
1030 Pour lui faciliter de si doux entretiens.

BRITANNICUS

Je puis mettre à ses pieds ma douleur ou ma joie
Partout où sa bonté consent que je la voie ;
Et l'aspect de ces lieux où vous la retenez
N'a rien dont mes regards doivent être étonnés[2].

NÉRON

Et que vous montrent-ils qui ne vous avertisse
1035 Qu'il faut qu'on me respecte et que l'on m'obéisse ?

BRITANNICUS

Ils ne nous ont pas vu l'un et l'autre élever,
Moi pour vous obéir, et vous pour me braver,
Et ne s'attendaient pas, lorsqu'ils nous virent naître,
1040 Qu'un jour Domitius[3] me dût parler en maître.

NÉRON

Ainsi par le destin nos voeux sont traversés[4] :
J'obéissais alors, et vous obéissez.

---

1. *Transports :* manifestation exacerbée d'un sentiment (ici, l'amour). \ 2. *Étonnés :* effrayés.
\ 3. *Domitius :* Néron, fils de Domitius Ænobarbus ; Britannicus fait ici à Néron l'affront
de lui rappeler ses origines. \ 4. *Traversés :* contrariés.

Si vous n'avez appris à vous laisser conduire[1],
Vous êtes jeune encore, et l'on peut vous instruire.

BRITANNICUS

1045 Et qui m'en instruira ?

NÉRON

Tout l'empire à la fois,
Rome.

BRITANNICUS

Rome met-elle au nombre de vos droits
Tout ce qu'a[2] de cruel l'injustice et la force,
Les emprisonnements, le rapt et le divorce ?

NÉRON

Rome ne porte point ses regards curieux
1050 Jusque dans des secrets que je cache à ses yeux.
Imitez son respect.

BRITANNICUS

On sait ce qu'elle en pense.

NÉRON

Elle se tait du moins : imitez son silence.

BRITANNICUS

Ainsi, Néron commence à ne se plus forcer.

NÉRON

Néron de vos discours commence à se lasser.

―――――――

1. *Conduire* : éduquer. \ 2. *Tout ce qu'a* : pour « tout ce qu'ont ». Selon la règle de l'accord de proximité, le verbe s'accorde avec le sujet le plus proche.

BRITANNICUS

1055 Chacun devait bénir le bonheur de son règne.

NÉRON

Heureux ou malheureux[1], il suffit qu'on me craigne.

BRITANNICUS

Je connais mal Junie ou de tels sentiments
Ne mériteront pas ses applaudissements.

NÉRON

Du moins, si je ne sais le secret de lui plaire,
1060 Je sais l'art de punir un rival téméraire.

BRITANNICUS

Pour moi, quelque péril qui me puisse accabler,
Sa seule inimitié peut me faire trembler.

NÉRON

Souhaitez-la, c'est tout ce que je vous puis dire.

BRITANNICUS

Le bonheur de lui plaire est le seul où[2] j'aspire.

NÉRON

1065 Elle vous l'a promis, vous lui plairez toujours.

BRITANNICUS

Je ne sais pas du moins épier ses discours.
Je la laisse expliquer sur tout ce qui me touche,
Et ne me cache point pour lui fermer la bouche.

NÉRON

Je vous entends. Eh bien, gardes !

---

1. *Heureux ou malheureux :* Néron parle ici de son règne. \ **2.** *Où :* auquel.

JUNIE

Que faites-vous ?

1070 C'est votre frère. Hélas ! C'est un amant jaloux ;
Seigneur, mille malheurs persécutent sa vie.
Ah ! son bonheur peut-il exciter votre envie ?
Souffrez que de vos coeurs rapprochant les liens,
Je me cache à vos yeux, et me dérobe aux siens ;
1075 Ma fuite arrêtera vos discordes fatales,
Seigneur, j'irai remplir le nombre des vestales[1].
Ne lui disputez plus mes voeux infortunés,
Souffrez que les dieux seuls en soient importunés.

NÉRON

L'entreprise, Madame, est étrange et soudaine.
1080 Dans son appartement, gardes, qu'on la ramène.
Gardez Britannicus dans celui de sa soeur.

BRITANNICUS

C'est ainsi que Néron sait disputer un coeur.

JUNIE

Prince, sans l'irriter, cédons à cet orage.

NÉRON

Gardes, obéissez sans tarder davantage.

---

1. *Vestales :* prêtresses en charge du culte de Vesta. Elles entretenaient le feu sacré de Rome et avaient fait voeu de chasteté.

Scène 9

NÉRON, BURRHUS

BURRHUS

1085 Que vois-je ? Ô ciel !

NÉRON, *sans voir Burrhus.*

               Ainsi leurs feux[1] sont redoublés.
Je reconnais la main qui les a rassemblés.
Agrippine ne s'est présentée à ma vue,
Ne s'est dans ses discours si longtemps étendue,
Que pour faire jouer ce ressort odieux.
1090 Qu'on sache si ma mère est encore en ces lieux.
Burrhus, dans ce palais je veux qu'on la retienne,
Et qu'au lieu de sa garde on lui donne la mienne.

BURRHUS

Quoi, Seigneur ? sans l'ouïr ? Une mère ?

NÉRON

                        Arrêtez.
J'ignore quel projet, Burrhus, vous méditez,
1095 Mais depuis quelques jours tout ce que je désire
Trouve en vous un censeur prêt à me contredire.
Répondez-m'en, vous dis-je ; ou sur votre refus
D'autres me répondront et d'elle et de Burrhus.

---

1. *Leurs feux :* dans le vocabulaire galant, signifie « leur amour ».

Acte IV

persuasion ①

Scène première

AGRIPPINE, BURRHUS

BURRHUS

Oui, Madame, à loisir vous pourrez vous défendre :
1100 César lui-même ici consent de [1] vous entendre.
Si son ordre au palais vous a fait retenir,
C'est peut-être à dessein de vous entretenir.
Quoi qu'il en soit, si j'ose expliquer ma pensée,
Ne vous souvenez plus qu'il vous ait offensée :
1105 Préparez-vous plutôt à lui tendre les bras ;
Défendez-vous, Madame, et ne l'accusez pas.
Vous voyez, c'est lui seul que la cour envisage.
Quoiqu'il soit votre fils, et même votre ouvrage [2],
Il est votre empereur. Vous êtes, comme nous,
1110 Sujette à ce pouvoir qu'il a reçu de vous.
Selon qu'il vous menace, ou bien qu'il vous caresse,
La cour autour de vous ou s'écarte ou s'empresse.
C'est son appui qu'on cherche en cherchant votre appui.
Mais voici l'empereur.

AGRIPPINE

Qu'on me laisse avec lui.

Advice on how to deal with Néron — + remember, he's your son, but also emperor

---

1. _Consent de_ : consent à. \ 2. _Et même votre ouvrage_ : même si c'est grâce à vous qu'il est empereur.

Scène 2

NÉRON, AGRIPPINE

AGRIPPINE, *s'asseyant.*

1115 Approchez-vous, Néron, et prenez votre place.
On veut sur vos soupçons que je vous satisfasse [1].
J'ignore de quel crime on a pu me noircir [2] :
De tous ceux que j'ai faits je vais vous éclaircir.
Vous régnez : vous savez combien votre naissance
1120 Entre l'empire et vous avait mis de distance.
Les droits de mes aïeux [3], que Rome a consacrés,
Étaient même sans moi d'inutiles degrés.
Quand de Britannicus la mère [4] condamnée
Laissa de Claudius disputer l'hyménée [5],
1125 Parmi tant de beautés qui briguèrent son choix,
Qui de ses affranchis mendièrent les voix [6],
Je souhaitai son lit, dans la seule pensée
De vous laisser au trône où je serais placée.
Je fléchis mon orgueil, j'allai prier Pallas.
1130 Son maître, chaque jour caressé dans mes bras,
Prit insensiblement dans les yeux de sa nièce [7]
L'amour où je voulais amener sa tendresse.
Mais ce lien du sang qui nous joignait tous deux
Écartait Claudius d'un lit incestueux ;
1135 Il n'osait épouser la fille de son frère.
Le sénat fut séduit [8] : une loi moins sévère

---

1. *Que je vous satisfasse :* que je vous donne des explications satisfaisantes. \ **2.** *Noircir :* accuser à tort. \ **3.** *Mes aïeux :* Agrippine est l'arrière-petite-fille de l'empereur Auguste. \ **4.** *La mère :* la terrible Messaline, qui conspirait contre son époux Claude, fut accusée par Narcisse et condamnée à mort. \ **5.** *L'hyménée :* le mariage. \ **6.** *Qui de ses affranchis mendièrent les voix :* trois affranchis proposèrent une nouvelle épouse à Claude devenu veuf. Pallas lui présenta Agrippine. \ **7.** *Sa nièce :* employé ici au sens moderne. Agrippine est fille de Germanicus, frère de Claude. \ **8.** *Séduit :* corrompu.

Mit Claude dans mon lit, et Rome à mes genoux.
C'était beaucoup pour moi, ce n'était rien pour vous.
Je vous fis sur mes pas entrer dans sa famille :
1140 Je vous nommai son gendre, et vous donnai sa fille ;
Silanus, qui l'aimait, s'en vit abandonné
Et marqua de son sang ce jour infortuné.
Ce n'était rien encore. Eussiez-vous pu prétendre
Qu'un jour Claude à son fils [1] pût préférer son gendre ?
1145 De ce même Pallas j'implorai le secours :
Claude vous adopta [2], vaincu par ses discours,
Vous appela Néron [3], et du pouvoir suprême
Voulut, avant le temps, vous faire part lui-même.
C'est alors que chacun, rappelant le passé,
1150 Découvrit mon dessein déjà trop avancé,
Que de Britannicus la disgrâce future
Des amis de son père excita le murmure.
Mes promesses aux uns éblouirent les yeux ;
L'exil me délivra des plus séditieux ;
1155 Claude même, lassé de ma plainte éternelle,
Éloigna de son fils tous ceux de qui le zèle,
Engagé dès longtemps à suivre son destin,
Pouvait du trône encor lui rouvrir le chemin.
Je fis plus : je choisis moi-même dans ma suite
1160 Ceux à qui je voulais qu'on livrât sa conduite [4] ;
J'eus soin de vous nommer, par un contraire choix [5],
Des gouverneurs que Rome honorait de sa voix ;

---

1. *Son fils* : Britannicus. \ 2. *Claude vous adopta* : à Rome, le droit successoral reposait sur une ambiguïté qui fut la source de nombreux conflits ; le droit du sang existait bien, mais il se trouvait en concurrence avec le droit des empereurs d'adopter un successeur. \ 3. *Néron* : de la famille de Tiberius Claudius Nero, premier époux de Livie, devenue épouse d'Auguste. Ce rappel était la seule possibilité de rattacher Néron à une ascendance augustéenne, et, donc, légitime. \ 4. *Conduite* : éducation. \ 5. *Un contraire choix* : un choix opposé ; Agrippine avait volontairement donné à Britannicus des précepteurs de mauvaise réputation.

Je fus sourde à la brigue[1], et crus la renommée :
J'appelai de l'exil, je tirai de l'armée,
1165 Et ce même Sénèque, et ce même Burrhus,
Qui depuis... Rome alors estimait leurs vertus.
De Claude en même temps épuisant les richesses,
Ma main, sous votre nom, répandait ses largesses.
Les spectacles, les dons, invincibles appas,
1170 Vous attiraient les coeurs du peuple et des soldats,
Qui d'ailleurs, réveillant leur tendresse première,
Favorisaient en vous Germanicus mon père.
Cependant Claudius penchait vers son déclin.
Ses yeux, longtemps fermés, s'ouvrirent à la fin :
1175 Il connut[2] son erreur. Occupé de sa crainte,
Il laissa pour son fils échapper quelque plainte,
Et voulut, mais trop tard, assembler ses amis.
Ses gardes, son palais, son lit m'étaient soumis.
Je lui laissai sans fruit[3] consumer sa tendresse ;
1180 De ses derniers soupirs je me rendis maîtresse[4] ;
Mes soins, en apparence épargnant ses douleurs,
De son fils, en mourant, lui cachèrent les pleurs.
Il mourut. Mille bruits en courent à ma honte.
J'arrêtai de sa mort la nouvelle trop prompte,
1185 Et tandis que Burrhus allait secrètement
De l'armée en vos mains exiger le serment,
Que vous marchiez au camp, conduit sous mes auspices,
Dans Rome les autels fumaient de sacrifices :
Par mes ordres trompeurs tout le peuple excité
1190 Du prince déjà mort demandait la santé.
Enfin des légions l'entière obéissance

---

1. *Brigue* : intrigue pour obtenir une charge. \ **2.** *Connut* : reconnut. \ **3.** *Sans fruit* : sans résultat. \ **4.** *De ses derniers soupirs je me rendis maîtresse* : Agrippine fit empoisonner Claude (voir, dans la scène 4 de l'acte I, le récit qu'en fait Britannicus au vers 310).

Ayant de votre empire affermi la puissance,
On vit Claude, et le peuple, étonné de son sort,
Apprit en même temps votre règne et sa mort.
1195 C'est le sincère aveu que je voulais vous faire.
Voilà tous mes forfaits. En voici le salaire.
Du fruit de tant de soins à peine jouissant
En avez-vous six mois paru reconnaissant,
Que lassé d'un respect qui vous gênait peut-être,
1200 Vous avez affecté[1] de ne me plus connaître.
J'ai vu Burrhus, Sénèque, aigrissant[2] vos soupçons,
De l'infidélité vous tracer des leçons,
Ravis d'être vaincus dans leur propre science.
J'ai vu favorisés de votre confiance
1205 Othon[3], Sénécion,[4] jeunes voluptueux,
Et de tous vos plaisirs flatteurs respectueux ;
Et lorsque vos mépris excitant mes murmures,
Je vous ai demandé raison de tant d'injures,
Seul recours d'un ingrat qui se voit confondu,
1210 Par de nouveaux affronts vous m'avez répondu.
Aujourd'hui je promets Junie à votre frère,
Ils se flattent tous deux du choix de votre mère :
Que faites-vous ? Junie, enlevée à la cour[5],
Devient en une nuit l'objet de votre amour ;
1215 Je vois de votre cœur Octavie effacée,
Prête à sortir du lit où je l'avais placée ;
Je vois Pallas banni, votre frère arrêté ;
Vous attentez enfin jusqu'à ma liberté :
Burrhus ose sur moi porter ses mains hardies.
1220 Et lorsque, convaincu de tant de perfidies,

---

1. *Affecté de* : fait semblant de. \ 2. *Aigrissant* : excitant. \ 3. *Othon* : favori de Néron. Celui-ci le fit exiler pour épouser sa femme Poppée. Il devint empereur en 69. \ 4. *Sénécion* : affranchi de Claude, réputé pour ses débauches. \ 5. *Enlevée à la cour* : enlevée pour être conduite à la cour.

Vous deviez[1] ne me voir que pour les expier,
C'est vous qui m'ordonnez de me justifier.

NÉRON

Je me souviens toujours que je vous dois l'empire,
Et sans vous fatiguer du soin de le redire,
1225 Votre bonté, Madame, avec tranquillité
Pouvait se reposer sur ma fidélité.
Aussi bien ces soupçons, ces plaintes assidues,
Ont fait croire à tous ceux qui les ont entendues
Que jadis (j'ose ici vous le dire entre nous)
1230 Vous n'aviez, sous mon nom, travaillé que pour vous.
« Tant d'honneur, disaient-ils, et tant de déférences,
« Sont-ce de ses bienfaits de faibles récompenses ?
« Quel crime a donc commis ce fils tant condamné ?
« Est-ce pour obéir qu'elle l'a couronné ?
1235 « N'est-il de son pouvoir que le dépositaire ? »
Non que, si jusque-là j'avais pu vous complaire,
Je n'eusse pris plaisir, Madame, à vous céder
Ce pouvoir que vos cris semblaient redemander ;
Mais Rome veut un maître, et non une maîtresse.
1240 Vous entendiez les bruits qu'excitait ma faiblesse.
Le sénat chaque jour et le peuple, irrités
De s'ouïr par ma voix dicter vos volontés,
Publiaient qu'en mourant Claude avec sa puissance
M'avait encor[2] laissé sa simple obéissance.
1245 Vous avez vu cent fois nos soldats en courroux
Porter en murmurant leurs aigles[3] devant vous,
Honteux de rabaisser par cet indigne usage
Les héros dont encore elles portent l'image.

---

1. *Deviez :* auriez dû. \ 2. *Encor :* mis pour « encore ». \ 3. *Leurs aigles :* l'aigle (au féminin) est l'emblème des légions romaines.

Toute autre se serait rendue à leurs discours,
1250 Mais si vous ne régnez, vous vous plaignez toujours.
Avec Britannicus contre moi réunie,
Vous le fortifiez du parti de Junie,
Et la main de Pallas trame tous ces complots.
Et lorsque, malgré moi, j'assure mon repos,
1255 On vous voit de colère et de haine animée.
Vous voulez présenter mon rival à l'armée :
Déjà jusques au[1] camp le bruit en a couru.

AGRIPPINE

Moi, le faire empereur ? Ingrat ! l'avez-vous cru ?
Quel serait mon dessein ? Qu'aurais-je pu prétendre ?
1260 Quels honneurs dans sa cour, quel rang pourrais-je attendre ?
Ah ! si sous votre empire on ne m'épargne pas,
Si mes accusateurs observent tous mes pas,
Si de leur empereur ils poursuivent la mère,
Que ferais-je au milieu d'une cour étrangère ?
1265 Ils me reprocheraient, non des cris impuissants,
Des desseins étouffés aussitôt que naissants,
Mais des crimes pour vous commis à votre vue,
Et dont je ne serais que trop tôt convaincue.
Vous ne me trompez point, je vois tous vos détours :
1270 Vous êtes un ingrat, vous le fûtes toujours.
Dès vos plus jeunes ans, mes soins et mes tendresses
N'ont arraché de vous que de feintes caresses[2].
Rien ne vous a pu vaincre, et votre dureté
Aurait dû dans son cours arrêter ma bonté.
1275 Que je suis malheureuse ! Et par quelle infortune
Faut-il que tous mes soins me rendent importune ?

---

1. *Jusques au* : mis pour « jusqu'au ». Cette orthographe, possible au XVIIᵉ siècle, permet, en ajoutant une syllabe au vers, d'en faire un alexandrin. \ 2. *Par de feintes caresses* : reprise de l'expression de Tacite, *fallacibus blanditiis*, que Racine cite dans sa seconde Préface.

Je n'ai qu'un fils. Ô ciel, qui m'entends aujourd'hui,
T'ai-je fait quelques vœux qui ne fussent pour lui ?
Remords, crainte, périls, rien ne m'a retenue ;
1280 J'ai vaincu ses mépris ; j'ai détourné ma vue
Des malheurs qui dès lors me furent annoncés ;
J'ai fait ce que j'ai pu : vous régnez, c'est assez.
Avec ma liberté, que vous m'avez ravie,
Si vous le souhaitez prenez encor[1] ma vie,
1285 Pourvu que par ma mort tout le peuple irrité
Ne vous ravisse pas ce qui m'a tant coûté.

NÉRON

Eh bien donc ! prononcez[2]. Que voulez-vous qu'on fasse ?

AGRIPPINE

De mes accusateurs qu'on punisse l'audace ;
Que[3] de Britannicus on calme le courroux ;
1290 Que Junie à son choix puisse prendre un époux ;
Qu'ils soient libres tous deux, et que Pallas demeure ;
Que vous me permettiez de vous voir à toute heure ;
Que ce même Burrhus, qui nous vient écouter[4],
À votre porte enfin n'ose plus m'arrêter[5].

NÉRON

1295 Oui, Madame, je veux que ma reconnaissance
Désormais dans les cœurs grave votre puissance,
Et je bénis déjà cette heureuse froideur,
Qui de notre amitié[6] va rallumer l'ardeur.

---

1. *Encor* : mis pour «encore». \ 2. *Prononcez* : ordonnez. \ 3. *Que* : on peut souligner ici l'effet d'insistance créé ici par l'anaphore (répétition d'un même terme en début de vers) de «que». \ 4. *Qui nous vient écouter* : Burrhus vient d'entrer en scène. Mais le changement de scène n'intervient qu'au moment où le personnage prend la parole. Dans l'édition de 1670, Racine précisait ici par une didascalie : «Burrhus rentre». \ 5. *À votre porte enfin n'ose plus m'arrêter* : allusion à la scène 2 de l'acte I. \ 6. *Amitié* : amour.

Quoi que Pallas ait fait, il suffit, je l'oublie,
1300 Avec Britannicus je me réconcilie,
Et quant à cet amour qui nous a séparés,
Je vous fais notre arbitre, et vous nous jugerez.
Allez donc, et portez cette joie à mon frère.
Gardes, qu'on obéisse aux ordres de ma mère.

Scène 3

NÉRON, BURRHUS

BURRHUS

1305 Que cette paix, Seigneur, et ces embrassements
Vont offrir à mes yeux des spectacles charmants !
Vous savez si jamais ma voix lui fut contraire,
Si de son amitié j'ai voulu vous distraire,
Et si j'ai mérité cet injuste courroux.

NÉRON

1310 Je ne vous flatte point, je me plaignais de vous,
Burrhus : je vous ai crus tous deux d'intelligence,
Mais son inimitié vous rend ma confiance.
Elle se hâte trop, Burrhus, de triompher :
J'embrasse mon rival, mais c'est pour l'étouffer.

BURRHUS

1315 Quoi, Seigneur ?

NÉRON

C'en est trop : il faut que sa ruine
Me délivre à jamais des fureurs d'Agrippine.
Tant qu'il respirera je ne vis qu'à demi.
Elle m'a fatigué de ce nom ennemi ;

87

Et je ne prétends pas que sa coupable audace
1320 Une seconde fois lui promette ma place.

BURRHUS

Elle va donc bientôt pleurer Britannicus ?

NÉRON

Avant la fin du jour je ne le craindrai plus.

BURRHUS

Et qui de ce dessein vous inspire l'envie ?

NÉRON

Ma gloire, mon amour, ma sûreté, ma vie.

BURRHUS

1325 Non, quoi que vous disiez, cet horrible dessein
Ne fut jamais, Seigneur, conçu dans votre sein.

NÉRON

Burrhus !

BURRHUS

De votre bouche, ô ciel ! puis-je l'apprendre ?
Vous-même sans frémir avez-vous pu l'entendre ?
Songez-vous dans quel sang vous allez vous baigner ?
1330 Néron dans tous les cœurs est-il las de régner ?
Que dira-t-on de vous ? Quelle est votre pensée ?

NÉRON

Quoi ? toujours enchaîné de ma gloire passée,
J'aurai devant les yeux je ne sais quel amour [1]
Que le hasard nous donne et nous ôte en un jour ?

---

1. *Je ne sais quel amour* : l'amour du peuple romain.

1335 Soumis à tous leurs vœux, à mes désirs contraire,
Suis-je leur empereur seulement pour leur plaire ?

BURRHUS

Et ne suffit-il pas, Seigneur, à vos souhaits
Que le bonheur public soit un de vos bienfaits ?
C'est à vous à choisir, vous êtes encor[1] maître.
1340 Vertueux jusqu'ici, vous pouvez toujours l'être :
Le chemin est tracé, rien ne vous retient plus ;
Vous n'avez qu'à marcher de vertus en vertus.
Mais si de vos flatteurs vous suivez la maxime,
Il vous faudra, Seigneur, courir de crime en crime,
1345 Soutenir vos rigueurs par d'autres cruautés,
Et laver dans le sang vos bras ensanglantés.
Britannicus mourant excitera le zèle
De ses amis, tout prêts à prendre sa querelle.
Ces vengeurs trouveront de nouveaux défenseurs,
1350 Qui, même après leur mort, auront des successeurs.
Vous allumez un feu qui ne pourra s'éteindre.
Craint de tout l'univers, il vous faudra tout craindre,
Toujours punir, toujours trembler dans vos projets,
Et pour vos ennemis compter tous vos sujets.
1355 Ah ! de vos premiers ans l'heureuse expérience
Vous fait-elle, Seigneur, haïr votre innocence ?
Songez-vous au bonheur qui les a signalés[2] ?
Dans quel repos, ô ciel ! les avez-vous coulés !
Quel plaisir de penser et de dire en vous-même :
1360 « Partout, en ce moment, on me bénit, on m'aime ;
« On ne voit point le peuple à mon nom s'alarmer ;
« Le ciel dans tous leurs pleurs[3] ne m'entend point nommer ;

---

1. *Encor* : mis pour « encore ». \ **2.** *Signalés* : rendus illustres. \ **3.** *Leurs pleurs* : les pleurs du peuple. « Peuple » ayant un sens collectif, il appelle le pluriel par syllepse (accord selon le sens et non selon les règles grammaticales).

« Leur sombre inimitié ne fuit point mon visage ;
« Je vois voler partout les coeurs à mon passage ! »
1365 Tels étaient vos plaisirs. Quel changement, ô dieux !
Le sang le plus abject vous était précieux.
Un jour, il m'en souvient, le sénat équitable
Vous pressait de souscrire à la mort d'un coupable ;
Vous résistiez, Seigneur, à leur sévérité[1] ;
1370 Votre coeur s'accusait de trop de cruauté,
Et plaignant les malheurs attachés à l'empire :
« Je voudrais, disiez-vous, ne savoir pas écrire. »
Non, ou vous me croirez, ou bien de ce malheur
Ma mort m'épargnera la vue et la douleur :
1375 On ne me verra point survivre à votre gloire ;
Si vous allez commettre une action si noire,

Il se jette à genoux.

Me voilà prêt, Seigneur : avant que de partir,
Faites percer ce coeur qui n'y peut consentir ;
Appelez les cruels qui vous l'ont inspirée,
1380 Qu'ils viennent essayer leur main mal assurée…
Mais je vois que mes pleurs touchent mon empereur,
Je vois que sa vertu frémit de leur fureur.
Ne perdez point de temps, nommez-moi les perfides
Qui vous osent donner ces conseils parricides[2] ;
1385 Appelez votre frère, oubliez dans ses bras…

NÉRON

Ah ! que me demandez-vous ?

---

1. *Leur sévérité :* la sévérité du sénat. Nouvelle syllepse. \ **2.** *Parricide :* désigne tout meurtre d'un membre de la famille. Britannicus est considéré comme le frère de Néron.

BURRHUS

Non, il ne vous hait pas,
Seigneur ; on le trahit : je sais son innocence ;
Je vous réponds pour lui de son obéissance.
J'y cours. Je vais presser un entretien si doux.

NÉRON

1390 Dans mon appartement qu'il m'attende avec vous.

Scène 4

NÉRON, NARCISSE

NARCISSE

Seigneur, j'ai tout prévu pour une mort si juste.
Le poison est tout prêt. La fameuse Locuste[1]
A redoublé pour moi ses soins officieux[2] :
Elle a fait expirer un esclave à mes yeux ;
1395 Et le fer est moins prompt pour trancher une vie
Que le nouveau poison que sa main me confie.

NÉRON

Narcisse, c'est assez ; je reconnais[3] ce soin,
Et ne souhaite pas que vous alliez plus loin.

NARCISSE

Quoi ? pour Britannicus votre haine affaiblie
1400 Me défend...

---

1. *Locuste :* l'empoisonneuse Locuste avait déjà préparé, sur ordre d'Agrippine, le poison destiné à Claude. \ 2. *Officieux :* obligeants. \ 3. *Je reconnais :* je suis reconnaissant de.

NÉRON

Oui, Narcisse : on nous réconcilie.

NARCISSE

Je me garderai bien de vous en détourner,
Seigneur. Mais il s'est vu tantôt[1] emprisonner :
Cette offense en son coeur sera longtemps nouvelle[2].
Il n'est point de secrets que le temps ne révèle :
1405 Il saura que ma main lui devait présenter
Un poison que votre ordre avait fait apprêter.
Les dieux de ce dessein puissent-ils le distraire[3] !
Mais peut-être il fera ce que vous n'osez faire.

NÉRON

On répond de son cœur, et je vaincrai le mien.

NARCISSE

1410 Et l'hymen de Junie en est-il le lien[4] ?
Seigneur, lui faites-vous encor[5] ce sacrifice ?

NÉRON

C'est prendre trop de soin. Quoi qu'il en soit, Narcisse,
Je ne le compte plus parmi mes ennemis.

NARCISSE

Agrippine, Seigneur, se l'était bien promis :
1415 Elle a repris sur vous son souverain empire.

NÉRON

Quoi donc ? Qu'a-t-elle dit ? Et que voulez-vous dire ?

---

1. *Tantôt :* tout à l'heure. \ **2.** *Nouvelle :* vive. \ **3.** *Distraire :* détourner. \ **4.** *Et l'hymen de Junie en est-il le lien ? :* et le mariage de Junie avec Britannicus est-il le gage de votre réconciliation ? \ **5.** *Encor :* mis pour «encore».

NARCISSE

Elle s'en est vantée assez publiquement.

NÉRON

De quoi ?

NARCISSE

Qu'elle n'avait qu'à vous voir un moment,
Qu'à tout ce grand éclat[1], à ce courroux funeste,
1420 On verrait succéder un silence modeste ;
Que vous-même à la paix souscririez le premier,
Heureux que sa bonté daignât tout oublier.

NÉRON

Mais, Narcisse, dis-moi, que veux-tu que je fasse ?
Je n'ai que trop de pente à punir son audace,
1425 Et si je m'en croyais, ce triomphe indiscret[2]
Serait bientôt suivi d'un éternel regret.
Mais de tout l'univers quel sera le langage ?
Sur les pas des tyrans veux-tu que je m'engage,
Et que Rome, effaçant tant de titres d'honneur,
1430 Me laisse pour tous noms celui d'empoisonneur ?
Ils[3] mettront ma vengeance au rang des parricides.

NARCISSE

Et prenez-vous, Seigneur, leurs caprices pour guides ?
Avez-vous prétendu[4] qu'ils se tairaient toujours ?
Est-ce à vous de prêter l'oreille à leurs discours ?
1435 De vos propres désirs perdrez-vous la mémoire ?
Et serez-vous le seul que vous n'oserez croire ?
Mais, Seigneur, les Romains ne vous sont pas connus.

---

1. *Éclat :* emportement. \ 2. *Indiscret :* irréfléchi. \ 3. *Ils :* les Romains, Rome. Nouvelle syllepse (accord selon le sens et non selon les règles grammaticales). \ 4. *Prétendu :* cru.

Non, non, dans leurs discours ils sont plus retenus.
Tant de précaution affaiblit votre règne :
1440 Ils croiront, en effet, mériter qu'on les craigne.
Au joug depuis longtemps ils se sont façonnés :
Ils adorent la main qui les tient enchaînés.
Vous les verrez toujours ardents à vous complaire.
Leur prompte servitude a fatigué Tibère[1].
1445 Moi-même, revêtu d'un pouvoir emprunté[2],
Que je reçus de Claude avec la liberté,
J'ai cent fois, dans le cours de ma gloire passée,
Tenté[3] leur patience, et ne l'ai point lassée.
D'un empoisonnement vous craignez la noirceur ?
1450 Faites périr le frère, abandonnez la sœur ;
Rome, sur ses autels prodiguant les victimes,
Fussent-ils innocents, leur trouvera des crimes ;
Vous verrez mettre au rang des jours infortunés[4]
Ceux où jadis la sœur et le frère sont nés.

NÉRON

1455 Narcisse, encore un coup[5], je ne puis l'entreprendre.
J'ai promis à Burrhus, il a fallu me rendre.
Je ne veux point encore, en lui manquant de foi,
Donner à sa vertu des armes contre moi.
J'oppose à ses raisons un courage inutile :
1460 Je ne l'écoute point avec un cœur tranquille.

NARCISSE

Burrhus ne pense pas, Seigneur, tout ce qu'il dit :
Son adroite vertu ménage son crédit.

---

1. *Tibère :* l'empereur Tibère, ne pouvant plus supporter la Cour, finit par se retirer à Capri, d'où il gouvernait. \ 2. *Emprunté :* qui n'était pas à moi, mais qu'on m'avait prêté. Narcisse est un affranchi. \ 3. *Tenté :* mis à l'épreuve. \ 4. *Jours infortunés :* dates funestes dans l'histoire de Rome, dont on célébrait la mémoire par un jour férié. \ 5. *Encore un coup :* encore une fois.

Ou plutôt ils n'ont tous[1] qu'une même pensée :
Ils verraient par ce coup leur puissance abaissée ;
1465 Vous seriez libre alors, Seigneur ; et devant vous,
Ces maîtres orgueilleux fléchiraient comme nous.
Quoi donc ? ignorez-vous tout ce qu'ils osent dire ?
« Néron, s'ils en sont crus, n'est point né pour l'empire ;
« Il ne dit, il ne fait que ce qu'on lui prescrit :
1470 « Burrhus conduit son cœur, Sénèque son esprit.
« Pour toute ambition, pour vertu singulière[2],
« Il excelle à conduire un char dans la carrière[3],
« À disputer des prix indignes de ses mains,
« À se donner lui-même en spectacle aux Romains,
1475 « À venir prodiguer sa voix sur un théâtre,
« À réciter des chants qu'il veut qu'on idolâtre,
« Tandis que des soldats, de moments en moments,
« Vont arracher pour lui les applaudissements[4]. »
Ah ! ne voulez-vous pas les forcer à se taire ?

NÉRON

1480 Viens, Narcisse : allons voir ce que nous devons faire.

---

1. *Tous* : Burrhus et tous les autres « maîtres orgueilleux » (Sénèque, par exemple). \ 2. *Singulière* : caractéristique. \ 3. *Carrière* : champ de courses de chars. \ 4. *Vont arracher pour lui les applaudissements* : Suétone, dans sa *Vie des douze Césars*, décrit longuement les prétentions artistiques et sportives de Néron, qui obligeait le public à applaudir.

Acte V

Scène première

BRITANNICUS, JUNIE

BRITANNICUS

Oui, Madame, Néron (qui l'aurait pu penser ?)
Dans son appartement m'attend pour m'embrasser.
Il y fait de sa cour inviter la jeunesse :
Il veut que d'un festin la pompe et l'allégresse
1485 Confirment à leurs yeux[1] la foi de nos serments,
Et réchauffent l'ardeur de nos embrassements.
Il éteint cet amour[2], source de tant de haine,
Il vous fait de mon sort arbitre souveraine.
Pour moi, quoique banni du rang de mes aïeux,
1490 Quoique de leur dépouille il se pare à mes yeux,
Depuis qu'à mon amour cessant d'être contraire
Il semble me céder la gloire de vous plaire,
Mon cœur, je l'avouerai, lui pardonne en secret,
Et lui laisse le reste avec moins de regret.
1495 Quoi ! je ne serai plus séparé de vos charmes ?
Quoi ! même en ce moment, je puis voir sans alarmes
Ces yeux que n'ont émus ni soupirs ni terreur,
Qui m'ont sacrifié l'empire et l'empereur !

---

1. *Leurs yeux* : les yeux de la Cour. Nouvelle syllepse (accord selon le sens et non selon les règles grammaticales). \ 2. *Cet amour* : l'amour de Néron pour Junie.

Ah! Madame… Mais quoi ? Quelle nouvelle crainte
1500 Tient parmi mes transports votre joie en contrainte ?
D'où vient qu'en m'écoutant, vos yeux, vos tristes yeux,
Avec de longs regards se tournent vers les cieux ?
Qu'est-ce que vous craignez ?

JUNIE

Je l'ignore moi-même ;
Mais je crains.

BRITANNICUS

Vous m'aimez ?

JUNIE

Hélas ! si je vous aime ?

BRITANNICUS

1505 Néron ne trouble plus notre félicité.

JUNIE

Mais me répondrez-vous de sa sincérité ?

BRITANNICUS

Quoi ? vous le soupçonnez d'une haine couverte [1] ?

JUNIE

Néron m'aimait tantôt, il jurait votre perte ;
Il me fuit, il vous cherche : un si grand changement
1510 Peut-il être, Seigneur, l'ouvrage d'un moment ?

BRITANNICUS

Cet ouvrage, Madame, est un coup d'Agrippine :
Elle a cru que ma perte entraînait sa ruine.

---

1. *Couverte :* cachée.

Grâce aux préventions[1] de son esprit jaloux,
Nos plus grands ennemis ont combattu pour nous.
1515 Je m'en fie aux transports qu'elle m'a fait paraître ;
Je m'en fie à Burrhus ; j'en crois même son maître :
Je crois qu'à mon exemple impuissant à trahir,
Il hait à cœur ouvert, ou cesse de haïr.

JUNIE

Seigneur, ne jugez pas de son coeur par le vôtre :
1520 Sur des pas différents vous marchez l'un et l'autre.
Je ne connais Néron et la cour que d'un jour,
Mais, si je l'ose dire, hélas ! dans cette cour
Combien tout ce qu'on dit est loin de ce qu'on pense !
Que la bouche et le cœur sont peu d'intelligence[2] !
1525 Avec combien de joie on y trahit sa foi !
Quel séjour étranger et pour vous et pour moi !

BRITANNICUS

Mais que son amitié soit véritable ou feinte,
Si vous craignez Néron, lui-même est-il sans crainte ?
Non, non, il n'ira point, par un lâche attentat[3],
1530 Soulever contre lui le peuple et le sénat.
Que dis-je ? Il reconnaît sa dernière injustice.
Ses remords ont paru, même aux yeux de Narcisse.
Ah ! s'il vous avait dit, ma Princesse, à quel point...

JUNIE

Mais Narcisse, Seigneur, ne vous trahit-il point ?

BRITANNICUS

1535 Et pourquoi voulez-vous que mon coeur s'en défie ?

---

1. *Préventions* : préjugés causés par la crainte. \ 2. *D'intelligence* : en accord, en harmonie. \ 3. *Attentat* : crime.

JUNIE

Et que sais-je ? Il y va, Seigneur, de votre vie.
Tout m'est suspect : je crains que tout ne soit séduit[1].
Je crains Néron, je crains le malheur qui me suit.
D'un noir pressentiment malgré moi prévenue[2],
1540 Je vous laisse à regret éloigner[3] de ma vue.
Hélas ! si cette paix dont vous vous repaissez
Couvrait contre vos jours quelques pièges dressés !
Si Néron, irrité de notre intelligence[4],
Avait choisi la nuit pour cacher sa vengeance !
1545 S'il préparait ses coups tandis que je vous vois !
Et si je vous parlais pour la dernière fois !
Ah ! Prince !

BRITANNICUS

            Vous pleurez ! Ah ! ma chère Princesse !
Et pour moi jusque-là votre cœur s'intéresse ?
Quoi, Madame ? en un jour où plein de sa grandeur
1550 Néron croit éblouir vos yeux de sa splendeur,
Dans des lieux où chacun me fuit et le révère,
Aux pompes de sa cour préférer ma misère ?
Quoi ? dans ce même jour et dans ces mêmes lieux,
Refuser un empire et pleurer à mes yeux ?
1555 Mais, Madame, arrêtez ces précieuses larmes :
Mon retour va bientôt dissiper vos alarmes.
Je me rendrais suspect par un plus long séjour[5].
Adieu. Je vais, le cœur tout plein de mon amour,
Au milieu des transports[6] d'une aveugle jeunesse[7],
1560 Ne voir, n'entretenir que ma belle Princesse.
Adieu.

---

1. *Séduit :* détourné du droit chemin, corrompu. \ **2.** *Prévenue :* préoccupée par avance. \ **3.** *Éloigner :* vous éloigner. \ **4.** *Intelligence :* entente, complicité \ **5.** *Par un plus long séjour :* en restant ici plus longtemps. \ **6.** *Transports :* manifestation exacerbée d'un sentiment (ici, l'approbation, et donc acclamations publiques, huées). \ **7.** *Aveugle jeunesse :* la Cour insouciante.

JUNIE

Prince...

BRITANNICUS

On m'attend, Madame, il faut partir.

JUNIE

Mais du moins attendez qu'on vous vienne avertir.

Scène 2

AGRIPPINE, BRITANNICUS, JUNIE

AGRIPPINE

Prince, que tardez-vous ? Partez en diligence[1] :
Néron impatient se plaint de votre absence.
1565 La joie, et le plaisir, de tous les conviés
Attend[2] pour éclater que vous vous embrassiez.
Ne faites point languir une si juste envie ;
Allez. Et nous, Madame, allons chez Octavie.

BRITANNICUS

Allez, belle Junie, et d'un esprit content,
1570 Hâtez-vous d'embrasser ma sœur qui vous attend.
Dès que je le pourrai, je reviens sur vos traces,
Madame[3], et de vos soins j'irai vous rendre grâces.

---

1. *En diligence* : sur-le-champ. \ 2. *Attend* : mis pour « attendent ». Accord de proximité.
\ 3. *Madame* : Britannicus s'adresse ici à Agrippine.

Scène 3

AGRIPPINE, JUNIE

AGRIPPINE

Madame, ou je me trompe, ou durant vos adieux,
Quelques pleurs répandus ont obscurci vos yeux,
1575 Puis-je savoir quel trouble a formé ce nuage ?
Doutez-vous d'une paix dont je fais mon ouvrage ?

JUNIE

Après tous les ennuis [1] que ce jour m'a coûtés,
Ai-je pu rassurer mes esprits agités ?
Hélas ! à peine encor [2] je conçois ce miracle.
1580 Quand même à vos bontés, je craindrais quelque obstacle,
Le changement, Madame, est commun à la cour,
Et toujours quelque crainte accompagne l'amour.

AGRIPPINE

Il suffit. J'ai parlé, tout a changé de face.
Mes soins à vos soupçons ne laissent point de place.
1585 Je réponds d'une paix jurée entre mes mains,
Néron m'en a donné des gages trop certains.
Ah ! si vous aviez vu par combien de caresses
Il m'a renouvelé la foi de ses promesses !
Par quels embrassements il vient de m'arrêter !
1590 Ses bras, dans nos adieux, ne pouvaient me quitter.
Sa facile [3] bonté, sur son front répandue,
Jusqu'aux moindres secrets est d'abord descendue :
Il s'épanchait en fils qui vient en liberté
Dans le sein de sa mère oublier sa fierté,
1595 Mais bientôt, reprenant un visage sévère,

---

1. *Ennuis* : souffrances, tourments. \ 2. *Encor* : mis pour « encore ». \ 3. *Facile* : conciliante, compréhensive.

Tel que d'un empereur qui consulte sa mère,
Sa confidence auguste a mis entre mes mains
Des secrets d'où[1] dépend le destin des humains.
Non, il le faut ici confesser à sa gloire,
1600 Son cœur n'enferme point une malice[2] noire,
Et nos seuls ennemis, altérant sa bonté,
Abusaient contre nous de sa facilité[3].
Mais enfin, à son tour, leur puissance décline ;
Rome encore une fois va connaître Agrippine ;
1605 Déjà de ma faveur on adore le bruit[4].
Cependant en ces lieux n'attendons pas la nuit :
Passons chez Octavie, et donnons-lui le reste
D'un jour autant[5] heureux que je l'ai cru funeste.
Mais qu'est-ce que j'entends ? Quel tumulte confus ?
1610 Que peut-on faire ?

JUNIE
Ô ciel, sauvez Britannicus !

Scène 4

AGRIPPINE, JUNIE, BURRHUS

AGRIPPINE
Burrhus, où courez-vous ? Arrêtez. Que veut dire...

BURRHUS
Madame, c'en est fait, Britannicus expire.

---

1. *D'où :* dont. \ 2. *Malice :* méchanceté, malignité. \ 3. *Facilité :* crédulité, indulgence.
\ 4. *Bruit :* réputation. \ 5. *Autant :* aussi.

JUNIE

Ah ! mon Prince !

AGRIPPINE

Il expire ?

BURRHUS

                    Ou plutôt il est mort,
Madame.

JUNIE

Pardonnez, Madame, à ce transport [1].
1615 Je vais le secourir, si je puis, ou le suivre.

Scène 5

AGRIPPINE, BURRHUS

AGRIPPINE

Quel attentat, Burrhus !

BURRHUS

                    Je n'y pourrai survivre,
Madame : il faut quitter la cour et l'empereur.

AGRIPPINE

Quoi ? du sang de son frère il n'a point eu d'horreur ?

BURRHUS

Ce dessein s'est conduit [2] avec plus de mystère.
1620 À peine l'empereur a vu venir son frère,

---

1. *Transport :* manifestation exacerbée d'un sentiment (ici, la douleur). \ **2.** *Ce dessein s'est conduit :* ce projet a été mené.

Il[1] se lève, il l'embrasse, on se tait, et soudain
César prend le premier une coupe à la main :
« Pour achever ce jour sous de meilleurs auspices,
« Ma main de cette coupe épanche[2] les prémices[3],
1625 « Dit-il ; dieux, que j'appelle à cette effusion,
« Venez favoriser notre réunion[4]. »
Par les mêmes serments Britannicus se lie.
La coupe dans ses mains par Narcisse est remplie,
Mais ses lèvres à peine en ont touché les bords…
1630 Le fer ne produit point de si puissants efforts[5],
Madame : la lumière à ses yeux est ravie,
Il tombe sur son lit[6] sans chaleur et sans vie.
Jugez combien ce coup frappe tous les esprits :
La moitié s'épouvante et sort avec des cris,
1635 Mais ceux qui de la cour ont un plus long usage
Sur les yeux de César composent leur visage.
Cependant sur son lit il[7] demeure penché ;
D'aucun étonnement il ne paraît touché :
« Ce mal dont vous craignez, dit-il, la violence
1640 « A souvent sans péril attaqué son enfance[8]. »
Narcisse veut en vain affecter quelque ennui[9],
Et sa perfide joie éclate malgré lui.
Pour moi, dût l'empereur punir ma hardiesse,
D'une odieuse cour j'ai traversé la presse[10],
1645 Et j'allais, accablé de cet assassinat,
Pleurer Britannicus, César et tout l'État.

---

1. *Il se lève* : mis pour « qu'il se lève ». Ellipse qui renforce l'effet du présent de narration. \2. *Épanche* : répand. \3. *Prémices* : premières gouttes de la coupe, dédiées aux dieux et versées à terre. \4. *Réunion* : réconciliation. \5. *Efforts* : effets violents. \6. *Lit* : les Romains prenaient leur repas étendus sur un lit de table. \7. *Il* : César (c'est-à-dire l'empereur Néron). \8. *A souvent sans péril attaqué son enfance* : Tacite rapporte que Britannicus était sujet depuis l'enfance à des crises d'épilepsie. \9. *Ennui* : souffrance, tourment. \10. *La presse* : la foule empressée.

AGRIPPINE

Le voici. Vous verrez si c'est moi qui l'inspire.

Scène 6[1]

NÉRON, AGRIPPINE, BURRHUS, NARCISSE

NÉRON, *voyant Agrippine.*

Dieux !

AGRIPPINE

Arrêtez, Néron. J'ai deux mots à vous dire.
Britannicus est mort, je reconnais les coups,
1650 Je connais l'assassin.

NÉRON

Et qui, Madame ?

AGRIPPINE

Vous.

NÉRON

Moi ! Voilà les soupçons dont vous êtes capable.
Il n'est point de malheurs dont je ne sois coupable,
Et si l'on veut, Madame, écouter vos discours,
Ma main de Claude même aura tranché les jours.
1655 Son fils vous était cher ; sa mort peut vous confondre[2],
Mais des coups du destin je ne puis pas répondre.

---

1. *Scène 6 :* Racine a supprimé ici, sur les conseils de Boileau, une courte scène (douze vers) entre Néron et Junie. Pour le texte de cette scène, voir *Britannicus*, Gallimard, coll. « Folio », p.177. \ 2. *Vous confondre :* anéantir vos projets.

AGRIPPINE

Non, non, Britannicus est mort empoisonné :
Narcisse a fait le coup, vous l'avez ordonné.

NÉRON

Madame !… Mais qui peut vous tenir ce langage ?

NARCISSE

1660 Hé ! Seigneur, ce soupçon vous fait-il tant d'outrage ?
Britannicus, Madame, eut des desseins secrets
Qui vous auraient coûté de plus justes regrets.
Il aspirait plus loin qu'à l'hymen[1] de Junie ;
De vos propres bontés il vous aurait punie.
1665 Il vous trompait vous-même, et son coeur offensé
Prétendait tôt ou tard rappeler le passé.
Soit donc que malgré vous le sort vous ait servie,
Soit qu'instruit des complots qui menaçaient sa vie,
Sur[2] ma fidélité César s'en soit remis,
1670 Laissez les pleurs, Madame, à vos seuls ennemis ;
Qu'ils mettent ce malheur au rang des plus sinistres.
Mais vous…

AGRIPPINE

Poursuis, Néron ; avec de tels ministres[3],
Par des faits glorieux tu vas te signaler.
Poursuis. Tu n'as pas fait ce pas pour reculer.
1675 Ta main a commencé par le sang de ton frère ;
Je prévois que tes coups viendront jusqu'à ta mère[4].
Dans le fond de ton coeur, je sais que tu me hais ;

---

1. *Hymen* : mariage. \ 2. *S'en remettre sur* : à. S'en remettre sur / à : les deux constructions sont
courantes au XVIIᵉ siècle. \ 3. *Ministres* : serviteurs, agents. \ 4. *Je prévois que tes coups viendront jusqu'à ta mère* : l'idée exprimée ici par Racine lui a été inspirée par Tacite : « Agrippine comprenait bien que son dernier appui lui était enlevé et que c'était un pas vers le parricide » (*Annales*, XIII, 16).

Tu voudras t'affranchir du joug de mes bienfaits.
Mais je veux que ma mort te soit même inutile ;
1680 Ne crois pas qu'en mourant je te laisse tranquille.
Rome, ce ciel, ce jour que tu reçus de moi,
Partout, à tout moment, m'offriront devant toi.
Tes remords te suivront comme autant de furies [1],
Tu croiras les calmer par d'autres barbaries :
1685 Ta fureur, s'irritant soi-même [2] dans son cours,
D'un sang toujours nouveau marquera tous tes jours.
Mais j'espère qu'enfin le ciel, las de tes crimes,
Ajoutera ta perte à tant d'autres victimes,
Qu'après t'être couvert de leur sang et du mien,
1690 Tu te verras forcé de répandre le tien,
Et ton nom paraîtra, dans la race future,
Aux plus cruels tyrans une cruelle injure.
Voilà ce que mon coeur se présage de toi [3].
Adieu. Tu peux sortir.

NÉRON
Narcisse, suivez-moi.

Scène 7

AGRIPPINE, BURRHUS

AGRIPPINE
1695 Ah ciel ! de mes soupçons quelle était l'injustice !
Je condamnais Burrhus pour écouter Narcisse.
Burrhus, avez-vous vu quels regards furieux

---

1. *Furies* : divinités infernales de la mythologie grecque, qui poursuivaient sans relâche les criminels. Elles incarnaient le remords. \ **2.** *Soi-même* : mis pour « elle-même ». Il s'agit d'un latinisme. \ **3.** *Présage de toi* : présage pour toi.

Néron en me quittant m'a laissés pour adieux ?
C'en est fait, le cruel n'a plus rien qui l'arrête :
1700 Le coup qu'on m'a prédit [1] va tomber sur ma tête.
Il vous accablera vous-même à votre tour.

BURRHUS

Ah ! Madame, pour moi j'ai vécu trop d'un jour [2].
Plût au ciel que sa main, heureusement cruelle,
Eût fait sur moi l'essai de sa fureur nouvelle !
1705 Qu'il ne m'eût pas donné, par ce triste [3] attentat [4],
Un gage [5] trop certain des malheurs de l'État !
Son crime seul n'est pas ce qui me désespère ;
Sa jalousie a pu l'armer contre son frère ;
Mais s'il vous faut, Madame, expliquer ma douleur :
1710 Néron l'a vu mourir sans changer de couleur.
Ses yeux indifférents ont déjà la constance [6]
D'un tyran dans le crime endurci dès l'enfance.
Qu'il achève, Madame, et qu'il fasse périr
Un ministre importun, qui ne le peut souffrir.
1715 Hélas ! loin de vouloir [7] éviter sa colère,
La plus soudaine mort me sera la plus chère.

---

1. *Le coup qu'on m'a prédit* : les devins chaldéens avaient prédit en effet que Néron règnerait et tuerait sa mère (Tacite, *Annales*, XIV, 9). \ 2. *Trop d'un jour* : un jour de trop. \ 3. *Triste* : funeste. \ 4. *Attentat* : crime. \ 5. *Un gage* : une preuve. \ 6. *Constance* : ici, sens négatif d'« endurcissement, indifférence au crime ». \ 7. *Loin de vouloir* : loin que je veuille (l'infinitif se rapporte à l'objet grammatical « me », qui est le sujet réel de la phrase).

Scène dernière

AGRIPPINE, BURRHUS, ALBINE

ALBINE

Ah ! Madame ! ah ! Seigneur ! courez vers l'empereur,
Venez sauver César de sa propre fureur :
Il se voit pour jamais séparé de Junie.

AGRIPPINE

1720 Quoi ? Junie elle-même a terminé sa vie ?

ALBINE

Pour accabler César d'un éternel ennui [1],
Madame, sans mourir elle est morte pour lui.
Vous savez de ces lieux comme elle s'est ravie [2] :
Elle a feint de passer chez la triste Octavie ;
1725 Mais bientôt elle a pris des chemins écartés,
Où mes yeux ont suivi ses pas précipités.
Des portes du palais elle sort éperdue.
D'abord elle a d'Auguste aperçu la statue,
Et mouillant de ses pleurs le marbre de ses pieds,
1730 Que de ses bras pressants elle tenait liés :
« Prince, par ces genoux, dit-elle, que j'embrasse,
« Protège en ce moment le reste de ta race.
« Rome dans ton palais vient de voir immoler
« Le seul de tes neveux [3] qui te pût ressembler.
1735 « On veut après sa mort que je lui sois parjure ;
« Mais pour lui conserver une foi toujours pure,
« Prince, je me dévoue [4] à ces dieux immortels
« Dont ta vertu t'a fait partager les autels [5]. »

---

1. *Ennui :* souffrance, tourment. \ 2. *Ravie :* enfuie. \ 3. *Neveux :* sens général de « descendants ». \ 4. *Dévoue :* consacre. \ 5. *Dont ta vertu t'a fait partager les autels :* l'empereur Auguste a été divinisé après sa mort et a pris place parmi les autres dieux (apothéose).

Le peuple cependant, que ce spectacle étonne[1],
1740 Vole de toutes parts, se presse, l'environne,
S'attendrit à ses pleurs, et plaignant son ennui,
D'une commune voix la prend sous son appui.
Ils la mènent au temple, où depuis tant d'années
Au culte des autels nos vierges destinées[2]
1745 Gardent fidèlement le dépôt précieux
Du feu toujours ardent qui brûle pour nos dieux.
César les voit partir sans oser les distraire[3].
Narcisse, plus hardi, s'empresse pour lui plaire :
Il vole vers Junie, et sans s'épouvanter,
1750 D'une profane main commence à l'arrêter.
De mille coups mortels son audace est punie ;
Son infidèle sang rejaillit sur Junie.
César, de tant d'objets en même temps frappé,
Le laisse entre les mains qui l'ont enveloppé.
1755 Il rentre. Chacun fuit son silence farouche.
Le seul nom de Junie échappe de sa bouche.
Il marche sans dessein[4] ; ses yeux mal assurés
N'osent lever au ciel leurs regards égarés,
Et l'on craint, si la nuit jointe à la solitude
1760 Vient de son désespoir aigrir[5] l'inquiétude,
Si vous l'abandonnez plus longtemps sans secours,
Que sa douleur bientôt n'attente sur[6] ses jours.
Le temps presse : courez. Il ne faut qu'un caprice ;
Il se perdrait, Madame.

 AGRIPPINE
Il se ferait justice.
1765 Mais, Burrhus, allons voir jusqu'où vont ses transports.

---

1. *Étonne* : sens fort de « stupéfie ». \ 2. *Nos vierges destinées* : les vestales, qui font vœu de chasteté. \ 3. *Les distraire* : les détourner de ce projet. \ 4. *Sans dessein* : sans but. \ 5. *Aigrir* : aggraver. \ 6. *N'attente sur* : n'attente à.

Voyons quel changement produiront ses remords,
1770 S'il voudra désormais suivre d'autres maximes[1].

BURRHUS
Plût aux dieux que ce fût le dernier de ses crimes !

---

1. *Maximes :* principes moraux.

DOSSIER

LIRE L'ŒUVRE

QUESTIONNAIRE DE LECTURE

LA STRUCTURE DE LA PIÈCE

L'exposition

1. Quelles informations sont communiquées au spectateur pour lui permettre de comprendre l'action ? Dans quelles scènes ces informations sont-elles livrées ?

2. Quels personnages donnent cette information ? Pour quelles raisons ?

▮ Rappel
Les scènes d'exposition donnent au spectateur les éléments nécessaires pour comprendre l'intrigue : présentation de l'identité et des intérêts des personnages, rappel de la situation antérieure au début de l'action, exposé du problème autour duquel va se nouer l'intrigue.

L'élément perturbateur

3. Quel événement inattendu permet d'engager l'action de la tragédie ?

4. Quelles modifications cet événement entraîne-t-il dans la situation des personnages ?

▮ Rappel
Pour justifier que la tragédie commence, il faut qu'un événement inattendu ou élément perturbateur vienne modifier la situation antérieure.

Le nœud de l'action

5. Quels sont les personnages qui s'opposent entre eux ? Pour quelle(s) raison(s) ?

6. À quel moment l'action se noue-t-elle ? Recherchez dans quelles scènes l'opposition entre les personnages prend la forme d'un conflit ouvert et violent.

▮ Rappel
Une fois l'exposition des composantes de l'intrigue achevée, il s'agit de nouer ces différentes composantes entre elles pour créer le conflit. Le « nœud » désigne la situation de blocage qui provoque la crise et le conflit ouvert.

Le dénouement

7. Comment le dénouement est-il préparé ? Quels sont les différents retournements de situation auxquels nous assistons aux actes IV et V avant d'arriver au dénouement ?

8. Quels personnages disparaissent à la fin de la tragédie ? De quelle manière ? Quel sens peut-on donner à leur disparition ?

9. Comparez les situations respectives de Néron et d'Agrippine au début et à la fin de la pièce. Quels changements sont intervenus ?

■ Rappel
Lorsque la crise éclate, une série d'événements précipite l'action vers son dénouement. À la fin d'une tragédie, chaque personnage se trouve dans une situation radicalement différente de celle qui était la sienne au moment de l'exposition. Il peut par exemple mourir, mais il existe aussi d'autres formes de l'accomplissement de son destin : déchéance, départ, exil, etc.

LES PERSONNNAGES

Britannicus et Junie

10. Britannicus est-il le personnage principal de la pièce ? Pour quelles raisons lui donne-t-il son nom ?

■ Pour répondre
Reportez-vous aux scènes 5, 6, 7 et 8 de l'acte III et à la scène 1 de l'acte V : analysez l'attitude de Britannicus face à Narcisse et à Néron (qui le trahissent sans qu'il le sache), et face à Junie (qui lui est fidèle alors qu'il croit le contraire).

11. Quelles sont les caractéristiques principales du personnage de Junie ? En quoi contrastent-elles avec celles des autres personnages de la tragédie ?

Agrippine

12. Dans quel sens les événements relatés dans la tragédie font-ils évoluer le destin d'Agrippine ?

13. Dans la scène 2 de l'acte IV, Agrippine déclame une tirade de plus de cent vers, adressée à Néron (vers 1115 à 1222). Que cherche-t-elle à obtenir par ce long discours ?

Néron

14. Comment et par qui Néron est-il présenté avant son apparition ? Que signifie selon vous cette manière d'introduire le personnage de Néron ?

15. À quel moment Néron apparaît-il ? Pourquoi Racine a-t-il choisi de le faire apparaître à ce moment-là ? Quels traits Néron révèle-t-il alors ?

16. Quelle image de Néron le spectateur conserve-t-il après la dernière scène (vers 1753-1762) ? Comment comprenez-vous le dernier vers de Burrhus (vers 1768) ?

Narcisse et Burrhus

17. Quelle mission Burrhus se propose-t-il auprès de Néron ? Quel intérêt y a-t-il pour Racine à confier cette mission à un soldat ?

▨ Pour répondre
Vous pourrez vous demander pourquoi Racine s'est privé, contrairement à ses devanciers, de mettre en scène Sénèque, le philosophe stoïcien précepteur de Néron, partisan de la vertu et du pouvoir juste.

18. Pourquoi Racine fait-il cohabiter autour de l'empereur les deux figures de Burrhus et de Narcisse ? Quel est le sort réservé à Narcisse au dénouement ? Pourquoi Racine a-t-il choisi cette fin ?

▨ Pour répondre
Afin de définir les rôles de Burrhus et de Narcisse, référez-vous à ce qu'en dit Racine dans ses deux Préfaces et dans la liste des personnages. Reportez-vous aussi aux scènes 3 et 4 de l'acte IV, où chacun des deux personnages tente d'influencer Néron quant à l'attitude à adopter envers Britannicus.

LA CONDUITE DE L'ACTION

Relations amoureuses et conflit politique

19. Quel type de rapports Britannicus, Néron et Junie entretiennent-ils ? Pourquoi Junie est-elle une cause de rivalité entre Britannicus et Néron ? Cette rivalité est-elle la seule raison de leur opposition ?

▨ Rappel
En général, et notamment chez Corneille, la tragédie aborde des questions historiques et politiques : rivalités entre grands, guerres de succession, etc. Vous pourrez vous demander s'il en est de même dans *Britannicus*.

Luttes d'influence

20. Tour à tour, Agrippine, Burrhus et Narcisse tentent de convaincre Néron d'agir selon leur point de vue respectif. De quoi chacun de ces personnages veut-il le convaincre ? Comment Néron réagit-il ?

GENRES ET REGISTRES

Le tragique

21. Dans *Britannicus*, quelle forme prend la fatalité qui pèse sur les personnages ? Chacun est-il soumis au même type de fatalité ? Identifiez, pour chaque personnage, les dangers qui le menacent et la force à laquelle il est soumis sans pouvoir la combattre.

■ Rappel
Le tragique implique l'absence de liberté des personnages. Dans la tragédie antique, ce sont les dieux qui sont maîtres du destin des hommes. Chez Racine, chaque personnage est motivé ou aveuglé par des passions, soumis à son propre caractère et plus généralement aux faiblesses de la nature humaine.

Les valeurs tragiques

22. Comparez les conceptions du pouvoir de Néron et de Britannicus : quelles oppositions relevez-vous ?

23. Quels personnages énoncent les conceptions de l'éducation princière ? En quoi s'opposent-elles ?

■ Rappel
Une tragédie présente des conflits entre des systèmes de valeurs politiques et éthiques divergents, qu'il s'agit ici de caractériser.

Les registres de discours

24. Quels sont les registres de discours dominants dans l'acte III ? Quelles en sont les marques principales ? Quel sens donnez-vous à leur combinaison ?

■ Pour répondre
Reportez-vous à la scène 3 de l'acte II, où se confrontent Junie et Néron. Dans les répliques de ce dernier, relevez les marques du registre amoureux (les choix lexicaux, le jeu des métaphores, les marques d'énonciation). Vous vous demanderez si c'est l'amant ou l'empereur qui parle.

Par les sujets qu'elle traite et par les personnages élevés qu'elle met en scène, la tragédie exalte le sentiment de grandeur. Elle contribue aussi à l'éducation politique et à la propagande royale. *Britannicus* joue à cet égard un rôle complexe : en représentant un monarque qui cherche à s'affranchir de sa mère et de la tutelle de ses conseillers, la pièce exalte le pouvoir personnel du roi ; elle souligne la volonté d'émancipation du monarque par rapport à la « vieille cour » rassemblée autour d'Anne d'Autriche et encore très influente lors des premières années du règne. Mais Néron est aussi un contre-exemple, un « anti-Auguste » (voir, dans la scène 1 de l'acte I, les vers 32 à 34), qui permet à Racine non pas de critiquer la monarchie absolue, mais, en analysant les dangers de la tyrannie, d'en souligner au contraire les vertus. L'histoire romaine ne saurait donc être utilisée pour véhiculer une critique : elle constitue un répertoire de figures connues du public lettré, auquel elle fournit matière à réflexion.

Le Grand Siècle et les artistes

Ami des arts mais aussi conscient du pouvoir que confère la propagande d'un art officiel, Louis XIV développe une politique de mécénat, en offrant charges et protections à de nombreux artistes. L'émulation intellectuelle est grande, mais la dépendance des artistes vis-à-vis de l'État grandit aussi. C'est une période de suprématie culturelle de la France en Europe, qui favorise l'affirmation par l'élite intellectuelle de conceptions esthétiques, morales et politiques fortes. Cette élite affiche une volonté forte de théorisation et de classification ; il faut établir rationnellement des règles esthétiques strictes pour chaque genre littéraire. Le « bon goût » devient une valeur esthétique centrale. C'est ce que l'histoire de l'art appelle le classicisme du « Grand Siècle », soucieux de grandeur, d'équilibre, d'harmonie, de maîtrise de la nature et des passions.

Avec *Britannicus*, Racine entend prendre sa place dans ce mouvement. Comme ses deux Préfaces l'indiquent nettement, il s'agit d'abord de reléguer le grand Corneille au second plan. L'attaquant sur les invraisemblances (historiques et psychologiques) de ses œuvres, il prône le respect des règles classiques, se place sous l'autorité des Anciens (Tacite) et développe une conception de la politique et des passions, qui est la grande affaire des philosophes du XVIIᵉ siècle. Les deux Préfaces de *Britannicus* révèlent aussi chez Racine l'ambition de devenir un poète officiel, ce qu'il deviendra quelques années plus tard, n'hésitant pas

L'ŒUVRE DANS L'HISTOIRE

UN CONTEXTE HISTORIQUE DOUBLE : L'EMPIRE ROMAIN ET LA MONARCHIE DE LOUIS XIV

LE TEMPS DE L'HISTOIRE : L'EMPIRE ROMAIN À L'ÉPOQUE DE *BRITANNICUS*

L'Empire romain au Iᵉʳ siècle

L'action de *Britannicus* se situe en 55 après Jésus-Christ. L'Empire romain a été proclamé en 29 avant Jésus-Christ, lorsque le fils adoptif de Jules César, Octave, a pris le titre de *princeps senatus* (premier des sénateurs) après avoir éliminé du triumvirat ses deux rivaux, Antoine et Lépide. Bien qu'il conserve les apparences du régime républicain (magistratures, sénat), Octave instaure une monarchie et s'attribue le titre d'Auguste, qui deviendra son nom. Il est considéré comme le « Père de la patrie » et comme un véritable dieu vivant. Il règne sur une étendue géographique considérable, qui réunit des territoires répartis sur l'ensemble du pourtour méditerranéen (la péninsule ibérique, toute la Gaule, l'équivalent de l'Italie, de la Suisse, de l'ex-Yougoslavie, de la Grèce et de la Turquie, sans oublier l'ensemble des côtes de l'Afrique, du Maroc actuel à l'Égypte).

La dynastie julio-claudienne

Auguste donne naissance à la dynastie julio-claudienne : julienne à cause du nom de son père adoptif Jules César, et claudienne à cause de sa deuxième épouse, Livie, dont le premier mari s'appelle Tiberius Claudius Nero. Livie en a eu un fils nommé Tibère, qu'Auguste choisit pour lui succéder à la tête de l'Empire, en 14 après Jésus-Christ. Tibère adopte Caligula, qui lui succède en 37 après Jésus-Christ : ce dernier sombre rapidement dans une folie meurtrière et il est assassiné en 41. Comme Caligula ne laisse aucune descendance, c'est Claude, neveu de Tibère, qui accède alors au pouvoir. Claude a été marié quatre fois (il a fait exécuter sa troisième épouse, Messaline, pour infidélité). Agrippine, sœur de Caligula, est sa quatrième épouse. Celle-ci a eu un fils, Néron, né d'un précédent mariage avec Domitius Ænobarbus : après avoir poussé Claude à adopter Néron et à le désigner comme son successeur au détriment de son propre fils, Britannicus, Agrippine le fait empoisonner en 54.

Devenu empereur à dix-sept ans, Néron cherche rapidement à s'affranchir de la tutelle de sa mère. Il fait assassiner Britannicus en 55, et quatre ans plus tard sa propre mère, Agrippine. Son règne devient alors une succession d'atrocités et d'extravagances qui s'achève par un suicide en 68. La mort de Néron, à l'âge de trente et un ans, marque la fin de la dynastie des Julio-Claudiens.

Britannicus *et l'histoire romaine*

La tragédie de Racine évoque donc des événements historiques réels, dont les historiens de l'Antiquité latine ont déjà abondamment rendu compte, notamment Tacite[1] et Suétone[2], respectivement dans les *Annales* (115-117 après Jésus-Christ) et dans *La Vie des douze Césars* (date non connue). L'image donnée de la réalité romaine dans la tragédie française est conforme à une longue tradition : Néron est présenté comme un être attiré par le mal, que Narcisse encourage dans cette voie. Mais il faut souligner également que le Néron de Racine se démarque de l'image uniformément négative que nous ont léguée les historiens latins, qui appartenaient à des milieux aristocratiques dont les empereurs ont été soucieux de réduire l'influence, et dont ils s'étaient fait des ennemis. Le Néron des historiens latins est un homme pervers et mauvais. Celui que nous présente Racine est plus nuancé : « monstre naissant » certes, il n'a cependant pas encore totalement basculé du côté du mal. C'est encore un être complexe et ambigu, un fils désireux d'échapper à la tutelle d'une mère abusive, et un homme qui éprouve, au contact de Junie, le vertige du désir amoureux.

Si l'histoire romaine figure en toile de fond dans *Britannicus*, elle fait donc l'objet de retouches significatives. Racine montre des individualités humaines d'une grande complexité (Néron), il choisit de ne pas convoquer des personnages illustres, comme Sénèque, dont la prestance aurait écrasé Burrhus. Tout en plaçant sa pièce dans un contexte histo-rique attesté, il s'autorise quelques libertés, notamment en conférant un rôle essentiel au personnage de Junie pourtant inventé de toutes pièces, et en déplaçant sur le terrain amoureux les rivalités politiques qui l'opposaient à Britannicus. Cette attention portée à la psychologie et au sentiment amoureux est la preuve du rapport étroit que la pièce de Racine entretient avec son époque, le XVIIe siècle.

LE TEMPS DE L'ÉCRITURE : LA FRANCE EN 1669

La monarchie absolue

Au début du XVIIe siècle, Louis XIII et son ministre Richelieu avaient mis en place un État centralisé, mais celui-ci était menacé par les complots d'une aristocratie féodale encore jalouse de ses prérogatives. Lorsque Louis XIV (1638-1715) devient roi à cinq ans, sa mère, Anne d'Autriche, assure la Régence avec le cardinal Mazarin. Ils doivent lutter contre la Fronde, révolte des princes et des parlementaires contre leur gouvernement autoritaire. La défaite du parti des frondeurs, en 1653, place Mazarin puis le roi dans une position de force qui leur permet de consolider la monarchie absolue. À la mort de Mazarin en 1661, Louis XIV affirme que toute décision devra désormais passer par lui seul. Ce coup de force suscite l'admiration et la crainte, mais Louis XIV sait s'entourer : soutenu par la bourgeoisie, il déploie un appareil administratif omniprésent dans tout le royaume, et contraint la vieille noblesse d'épée à l'impuissance.

Roi belliqueux et souvent victorieux, Louis XIV développe une propagande royale destinée à magnifier, voire à diviniser sa personne. « Roi-Soleil », il veut établir un système dont il sera le centre : à Versailles, il entreprend de grands travaux pour édifier le palais le plus somptueux d'Europe. Là, il fait graviter autour de lui une cour composée de milliers de nobles qu'il asservit par l'arbitraire de ses faveurs. Pour imprimer partout et à tous l'esprit de subordination, il fait de l'étiquette[1] un cérémonial de tous les instants, qui régit la vie du roi et de la cour comme une sorte de culte religieux.

---

1. *Tacite* (55-120 apr. J.-C.) : historien latin. \ 2. *Suétone* (75-155 apr. J.-C.) : historien latin.

---

1. *L'étiquette* : ensemble des codes qui organisent le comportement quotidien du roi et de ceux qui l'approchent. Ces codes doivent exprimer les rapports hiérarchiques de la société de cour. C'est l'Espagne qui, la première, avait établi une étiquette royale extrêmement rigoureuse.

même à renoncer au théâtre pour se faire historiographe[1] et panégyriste[2] du roi.

LE CONTEXTE IDÉOLOGIQUE : LA RÉFLEXION SUR LE POUVOIR POLITIQUE

LES FORMES DU POUVOIR DANS LES THÉORIES DES ANCIENS

L'émergence de l'absolutisme dans la France du XVIIe siècle conduit à de profondes mutations culturelles et modifie la pensée politique. La théorie de la royauté de droit divin est au croisement de la pensée politique et de la pensée religieuse ; politiques, philosophes et artistes cherchent à comprendre et à justifier le système dont ils pensent dépendre par une volonté divine. Très rares en effet sont les penseurs qui remettent en question l'ordre des choses. C'est pourquoi beaucoup se tournent vers les théories politiques de l'Antiquité grecque et romaine. L'Antiquité est toujours un modèle idéal, mais les civilisations grecque et romaine ont connu la décadence : la démocratie athénienne comme la république romaine, en effet, ont sombré dans la tyrannie. La monarchie française, absolue mais légitime, doit en tirer les leçons pour se préserver du même destin.

Platon : une analyse de la corruption des gouvernements

Platon[3], dans *La République*, avait réfléchi aux différents types de gouvernement. Il avait classé les formes d'État existantes, distinguant la timocratie (régime de l'ambition et de la violence), l'oligarchie (régime de l'argent), la démocratie (régime qui établit la supériorité du peuple et de ses bas instincts), et enfin la tyrannie (usurpation du pouvoir et gouvernement absolu et despotique). Toutes ces formes d'État découlent de la corruption progressive de l'État idéal aristocratique (qui est, étymologiquement, le « gouvernement des meilleurs »). Avec la tyrannie, tout devient scélératesse : le tyran règne par la terreur et selon ses seuls caprices, il n'a pas d'amis mais des esclaves, et il est lui-même le premier esclave de ses passions et de ses craintes.

---

1. *Historiographe* : écrivain officiellement chargé, par le pouvoir ou une institution, d'écrire l'histoire de son temps. \ **2.** *Panégyriste* : auteur d'un panégyrique, discours oral ou écrit à la louange d'une personne illustre. \ **3.** *Platon* (428-347av. J.-C.) : philosophe grec.

La conception platonicienne, on le voit, est une conception assez pessimiste, qui considère l'histoire réelle des sociétés humaines comme une inévitable dégradation à partir d'un modèle de perfection préalable. Même si le texte de *Britannicus* ne révèle aucun hommage explicite à Platon, il est marqué, vis-à-vis de la politique humaine, par une méfiance et par un pessimisme qui ne devaient pas surprendre les lecteurs du philosophe grec. *Britannicus* assimile en effet totalement l'exercice de la politique à celui de l'intrigue : le destin heureux ou malheureux de Britannicus dépend entièrement de l'exercice du pouvoir par Néron : son isolement est le fruit d'une usurpation, et son amour pour Junie est menacé par la tyrannie de l'empereur. Dans la scène 8 de l'acte III, le conflit des deux hommes autour de Junie débouche immédiatement sur une critique politique dont Rome est le juge : « Chacun devait bénir le bonheur de son règne » (vers 115). Des personnages comme Néron ou Agrippine, malgré leurs origines aristocratiques, sont l'incarnation même de la corruption, entendue au sens de « décadence » et de « dégradation ». Rares sont ceux qui, tel Burrhus, veulent croire à la possibilité d'éduquer le prince et de le ramener vers le bien : ils assistent, marginalisés et impuissants, à l'effondrement d'espoirs de plus en plus chimériques, que le dernier vers de la pièce se contente de réitérer ironiquement (« Plût au Ciel que ce fût le dernier de ses crimes »), puisqu'il n'existe plus la moindre chance de lutter contre la corruption du pouvoir.

Aristote : la distinction entre pouvoir sain et pouvoir corrompu

Aristote[1], élève de Platon, s'est attaché à définir les critères de santé et de corruption d'un gouvernement en fonction de sa finalité. Quelle que soit sa forme (définie par le nombre de ceux qui l'exercent), le pouvoir souverain doit, pour être juste et légitime, viser le bien de tous. Au chapitre 7 de *La Politique*, Aristote définit les trois formes droites de régimes politiques et les trois déviations qui leur correspondent (et qu'il nomme « perversions »). Le tableau suivant présente chaque régime corrompu en regard du type de pouvoir sain dont il est la dérive ; les trois formes de pouvoir dites « droites » sont politiquement justes pour tous puisque le pouvoir, dans ce cas, y est exercé pour le bien de tous et non

---

1. *Aristote* (384-322 av. J.-C.) : philosophe grec.

pour le bien exclusif du souverain (qui peut être, selon le cas, un homme seul, un groupe d'hommes ou la masse).

TABLEAU DES SIX RÉGIMES POLITIQUES POSSIBLES

	Pouvoir exercé	par un seul	par quelques-uns	par la masse
Régimes politiques (sains)	Pour tous (Bien commun)	Royauté (gouvernement désintéressé d'un seul)	Aristocratie (gouvernement des meilleurs : elle repose sur la valeur des individus)	Timocratie régime constitutionnel, république, (fondée sur la propriété et le revenu)
Régimes despotiques (corrompus)	Pour soi-même (Intérêt personnel)	Tyrannie (pouvoir d'un seul pour lui-même : le tyran n'a en vue que son avantage personnel)	Oligarchie (pouvoir des plus riches)	Démocratie démagogie (pouvoir des indigents, fondé sur le profit de la classe la plus nombreuse et la plus pauvre)

La classification d'Aristote, on le voit, est moins radicale que celle de Platon, qui n'envisage même pas dans la réalité la possibilité d'un régime politique sain. *Britannicus*, qui s'adresse à des lecteurs encore imprégnés des théories politiques d'Aristote, propose une vision tragique de l'exercice du pouvoir difficilement conciliable avec le discours assez nuancé de ce philosophe qui, même s'il admet la possibilité de la dégradation des formes politiques, n'exclut pas a priori que des formes saines puissent exister. Dans *Britannicus*, l'activité des personnages est tout entière tournée vers l'intrigue : on ne voit point en effet de personnages agir au nom d'un intérêt politique supérieur, et chacun poursuit son intérêt propre isolément ; seul Burrhus énonce des préceptes généraux (sur la façon de préserver la stabilité d'un pouvoir juste) et cherche à les faire appliquer, mais ses conseils sont inopérants. Junie, elle, se réfugie chez les vestales au dénouement ; se retirant ainsi définitivement du monde, elle proclame la radicale impossibilité d'y mener une vie non corrompue.

Sénèque et Tacite : deux réflexions sur le destin des empires

Lorsque la république se transforme en monarchie, le spectre de la perversion tyrannique se met à hanter les penseurs romains : l'empereur Octave s'est en effet octroyé dans la violence un pouvoir absolu, héréditaire et divin (il est Auguste, c'est-à-dire en latin, « saint », « consacré », « majestueux »). Le sénat est affaibli, et les représentants du peuple désormais ignorés. Octave-Auguste a régné ensuite selon la justice et la vertu, mais après un début de règne vertueux, l'empereur Néron (après les tristes exemples de Tibère ou de Caligula) semble ne plus suivre que ses caprices et ses passions. Il apparaît donc que la frontière entre la justice et la corruption d'un gouvernement dépend de la nature morale de celui qui l'exerce ; les penseurs romains se sont intéressés à cette question, réfléchissant à la nature humaine, à ses vices naturels et à la possibilité d'une éducation philosophique à la vertu. C'est là tout le sujet de *Britannicus*.

Le philosophe stoïcien Sénèque, précepteur de Néron, avait rédigé pour lui *De la clémence*, un traité qui louait les souverains tout-puissants mais justes. Sénèque y écrit : « Quelle différence y a-t-il entre un tyran et un roi (car à ne considérer que les dehors ils ont même rang et même pouvoir discrétionnaire) si ce n'est que les tyrans sévissent pour leur plaisir, les rois uniquement pour de bonnes raisons et par nécessité[1] ? » Sénèque reprend donc une opposition traditionnelle entre roi et tyran, qu'il a trouvée chez Platon et Aristote. Son propos a une finalité politique (il aimerait consolider le principat[2] romain) et il sert des ambitions personnelles (Sénèque veut mettre en valeur sa fonction de précepteur du jeune empereur Néron). Son enseignement apparaît souvent dans *Britannicus*, mais sous la forme indirecte des allusions de Burrhus ; en effet, Racine a délibérément omis de faire figurer le philosophe latin au nombre des personnages de sa pièce. Cette omission lui permet de passer sous silence la dimension intéressée de cet enseignement et de ne pas assombrir l'image de Sénèque. Mais en excluant ce dernier de son intrigue, en ne lui donnant aucun rôle actif dans sa pièce, Racine souligne l'incapacité des penseurs, même des plus grands, à peser sur l'évolution du pouvoir.

---

1. Sénèque, *De la clémence*, trad. F. Préchac, Les Belles Lettres, 1921, 3ᵉ partie, chap. 9, p. 29. Ce texte est majeur pour la compréhension de nombreuses tragédies. \ **2.** *Principat* : règne d'un empereur romain.

Éloigner Sénèque de Rome et de la Cour impériale au moment où sa présence serait indispensable, c'est, pour Racine, livrer un constat pessimiste : il signale par là que personne n'était à même de s'opposer à l'avènement du monstre, et que le destin des empires ne peut en rien être modifié par les penseurs. Dans cette conception d'un monde radicalement mauvais, leur présence se révèle inutile.

Dans les *Annales*, qu'il compose sous le règne de Trajan, Tacite fait pour sa part le récit de l'histoire romaine depuis la mort d'Auguste jusqu'à celle de Néron. Pour Tacite, cette époque rassemble les années les plus noires de Rome : durant cette période, la vie politique a été soumise aux princes, dont la volonté et les caprices avaient acquis force de loi. Écrites sous Trajan, « le meilleur des princes » selon Tacite, les *Annales* offrent une image sombre de l'Empire romain et surtout des personnages placés par le destin au pouvoir suprême. Tacite décrit le déroulement des événements comme une suite de tragédies enchaînées les unes aux autres ; il centre l'action de son récit historique sur la personne du prince, suggérant qu'à travers lui, c'est le destin de l'Empire tout entier qui s'accomplit inévitablement. Il n'est pas étonnant que les auteurs tragiques aient largement utilisé cet auteur, qui développe une vision tragique de l'Histoire. Racine, dans sa seconde Préface, est explicite à ce sujet : « J'avais copié mes personnages d'après le plus grand peintre de l'Antiquité, je veux dire d'après Tacite, et j'étais alors si rempli de la lecture de cet excellent historien, qu'il n'y a presque pas un trait éclatant dans ma tragédie dont il ne m'ait donné l'idée[1]. »

LES PRINCIPES FONDAMENTAUX DE LA MONARCHIE

La fidélité à des lois immuables

La culture monarchique française a repris à son compte les théories antiques, en s'efforçant de distinguer le bon exercice du pouvoir du mauvais. Le pouvoir du roi, pour ne pas être tyrannique, doit se conformer à deux séries de lois dites « immuables » : la loi divine d'une part, qui est son fondement, selon le principe énoncé par saint Paul au chapitre 13 de l'*Épître aux Romains* : « Il n'y a d'autorité que par Dieu[2] », le « droit

---

1. Racine, seconde Préface à *Britannicus*, p. 15. \ **2.** Saint Paul, *Le Nouveau Testament*, « Épître aux Romains », 13, traduction œcuménique, Le Livre de Poche, p. 258.

naturel » d'autre part, qui fait de la raison, de la justice et de l'équité des valeurs universelles auxquelles tout souverain doit se soumettre. Selon ces deux séries de lois, le roi doit être juste envers les hommes, de même qu'il est responsable devant Dieu : l'exercice de son pouvoir est donc régulé.

L'énoncé de ces théories du pouvoir permet déjà de justifier la désignation de « monstre » appliquée à Néron. Ce dernier est bien un être exceptionnel au mauvais sens du terme : il est l'esclave de ses passions, et ce sont les dieux qui doivent, à la fin de la pièce, lui rappeler leur existence en soustrayant définitivement Junie, réfugiée dans le temple de Vesta, à ses appétits dévastateurs. Là où un authentique souverain reconnaîtrait spontanément l'existence d'autorités auxquelles même lui doit se plier, le monstre bafoue délibérément les principes les plus fondamentaux. Dans un coup de force saisissant, un empereur romain du premier siècle après Jésus-Christ devient un exemple du bien-fondé des principes qui sous-tendent une monarchie qui lui est très largement postérieure.

L'ancienneté du sang

L'ancienneté du sang royal est également une des notions essentielles sur laquelle se fonde, comme toute monarchie, l'identité de la monarchie française. Louis XIV est fils de Louis XIII « le Juste », petit-fils du « Bon Roi » Henri IV. Il descend de Saint-Louis et de Mérovée, fondateur mythique de la dynastie des Mérovingiens en 448. Toutes ces figures d'ancêtres sont autant de garanties de vertu et de noblesse. Plus loin encore, la monarchie française descendrait (c'est une légende) d'Astyanax, fils d'Hector et d'Andromaque. La monarchie française se fonde donc symboliquement sur la *translatio imperii*, la pérennité d'un empire idéal qui se transmet au-delà des civilisations : d'origine à la fois grecque, romaine et médiévale, Louis XIV est en relation symbolique directe avec l'Empire romain. Il est d'ailleurs frappant de voir l'abondance, au XVIIe siècle, des comparaisons entre l'empereur Octave-Auguste et Louis XIV. Racine, par exemple, dans la Préface de sa deuxième tragédie, *Alexandre le Grand*, désigne Louis XIV comme le « nouvel Auguste » : « On n'a point vu de roi qui, à l'âge d'Alexandre, ait fait paraître la conduite d'Auguste[1]. »

---

1. Racine, Préface à *Alexandre le Grand*, in *Théâtre complet I*, Gallimard, coll. « Folio classique », 1982, p.113.

Sur fond d'une culture monarchique qui établit un lien nécessaire entre prestige et ancienneté, on comprend alors combien la figure d'Auguste dans *Britannicus* est riche de sens : Auguste incarne l'origine et la légitimité du pouvoir politique. Son souvenir plane sur la tragédie, légitimant les prétentions de Britannicus et de Junie, ses descendants, et suggérant l'ignominie de l'adoption de Néron. Junie et Britannicus descendent d'Auguste. La vertu bafouée, la légitimité menacée, la constance et le sens de la justice sont de leur côté. La tragédie provient de ce que le cours normal des choses a été détourné : à une France pacifiée et stabilisée, où le souvenir de la Fronde a été occulté, dans laquelle aucune rupture n'est perceptible entre Mérovée, l'ancêtre mythique franc, et le Roi-Soleil issu du sang d'Auguste et porteur des mêmes valeurs que lui, *Britannicus* offre le spectacle terrifiant d'une Rome antique déchirée par les querelles et les intrigues. Faute de s'enraciner dans la durée, le pouvoir est alors condamné à l'erreur et au crime. Néron est un symbole, destiné à mettre en garde aussi bien le public que le souverain. À travers la figure de cet empereur romain, Racine suggère que la nature même de la fonction de souverain implique une part de fatalité : celle de la frontière ténue entre majesté et tyrannie. Ce que la pièce met en lumière en définitive, c'est que tout souverain peut se révéler Louis XIV… ou Néron. Le monarque est une figure tragique parce que, détenteur divin de tous les pouvoirs, il reste un homme, menacé par la passion, par l'erreur et par l'aveuglement. Dès lors, il est le héros tragique par excellence, qu'il devienne Auguste (voir *Cinna* de Corneille) ou Néron (voir *Britannicus*). Racine donne ainsi à la monarchie sa dimension tragique, c'est-à-dire sa grandeur paradoxale.

LE JANSÉNISME ET LA CONCEPTION TRAGIQUE DE L'HOMME

Si la monarchie cherche l'autorité de modèles pour se légitimer, c'est qu'elle souffre malgré tout d'une contradiction fondamentale : le roi est dépositaire d'une majesté, d'une grandeur d'origine divine, et pourtant il est homme, soumis aux faiblesses de la nature humaine, coupable du péché originel. La mise en évidence de la double nature du souverain, susceptible de devenir aussi bien Louis XIV que Néron, entre en résonance avec une vision tragique de la condition humaine qui se développe au XVIIe siècle dans certains milieux intellectuels comme celui des jansénistes, dont Racine était proche.

Le jansénisme[1] est un mouvement religieux et intellectuel catholique qui s'est particulièrement développé à partir de l'abbaye de Port-Royal. Prônant une austère réforme du catholicisme inspirée de Saint-Augustin, le jansénisme propose une vision tragique de l'homme, essentiellement coupable. Incapable d'obtenir le salut de son âme par ses actions ou la seule force de sa foi, il est prédestiné par la grâce divine. Perdu dans les ténèbres du monde, abandonné par le Créateur, irrémédiablement perverti et livré sans recours à ses passions, l'homme n'a plus qu'à espérer la grâce de Dieu, qui n'élira qu'un petit nombre d'âmes prédestinées, selon des critères totalement opaques aux hommes. Opposés aux jésuites, qui avaient accommodé la religion aux faiblesses des hommes et des puissants en particulier, proches par certains points de la doctrine protestante, constitués en une sorte de contre-pouvoir intellectuel et moral, les jansénistes seront persécutés par Louis XIV jusqu'à la liquidation de Port-Royal en 1711.

L'univers de Racine, où les moindres fautes sont sévèrement punies, où les créatures sont épiées par un « Dieu caché » (l'expression est de Lucien Goldmann[2]) qui ne pardonne rien et dont les décrets sont incompréhensibles, où l'homme est condamné à être détruit par ses propres passions, est apparu à beaucoup comme une transcription dramatique de la sombre conception janséniste[3]. Ainsi, la référence à ce courant de pensée se révèle sans doute capitale pour comprendre le sens de la représentation du pouvoir politique dans *Britannicus* : Néron y fait figure de contre-exemple, imaginé par Racine à des fins d'édification du public, sommé par là de se rallier à la pertinence du modèle monarchique français ; mais Néron est également porteur d'un enseignement destiné à tout homme : lui que sa fonction et sa noblesse appelaient à de nobles tâches devient le symbole de la propension humaine à tomber dans le péché si la grâce de Dieu n'intervient pas. Même les plus grands des hommes ne sont rien dans la main de Dieu. Leçon de philosophie politique, *Britannicus* se révèle aussi porteur d'un enseignement religieux.

---

1. *Jansénisme* : nom de la doctrine inspirée par l'évêque Jansen (1585-1638). \ **2.** Lucien Goldmann, *Le Dieu caché. Étude sur la vision tragique dans les Pensées de Pascal et dans le théâtre de Racine*, Gallimard, 1955. \ **3.** Voir « Réception de la pièce », « Deux lectures marquantes : Goldmann et Barthes », p. 139, ainsi que les développements sur le jansénisme dans *Phèdre*, coll. « Classiques & Cie », n°7, Hatier, p. 96.

La pièce établit ainsi la dignité et la noblesse du genre de la tragédie classique, forme d'expression la plus achevée du classicisme français dans le contexte duquel il convient maintenant de la replacer.

LE CONTEXTE CULTUREL : BAROQUE ET CLASSICISME

LE DÉCLIN DU BAROQUE

L'émergence d'un État moderne et centralisé, avec l'arrivée au pouvoir de Richelieu en 1624, l'affirmation de valeurs esthétiques officielles, défendues par la création de l'Académie française en 1635, sont en France autant de freins à la culture baroque. Le théâtre baroque montrait des intrigues complexes, une multitude de personnages, d'incroyables changements de décor à vue grâce aux machines. Dans le théâtre d'Alexandre Hardy (1570-1632) par exemple, on pouvait voir sur scène des métamorphoses, des travestissements, des monstres, mais aussi des meurtres, des tortures, du sang. La vision pessimiste d'un monde violent, changeant et illusoire, était comme conjurée par cette débauche d'artifices. Avec *L'Illusion comique* (1636), Corneille offrait ainsi une comédie dont la complexe structure enchâssée exaltait à la fois le caractère illusoire et ludique de l'existence et les ressources de l'irrégularité formelle (« Voici un étrange monstre [1] », dit Corneille de son œuvre) : un père sans nouvelles de son fils consulte un magicien qui fait apparaître à ses yeux les aventures tragiques du jeune homme. Cette vision magique n'était en fait qu'une pièce de théâtre, jouée sous ses yeux par son fils lui-même devenu comédien. Le magicien moraliste loue la puissance de l'art dramatique et son affinité fondamentale avec l'existence elle-même.

Or, le mouvement classique entend lutter contre tout ce qui est excessif, irrégulier, invraisemblable, démesuré, instable. La première Préface à *Britannicus* est un écho à cette opposition : pour contenter ses détracteurs, il suffirait à Racine de « trahir le bon sens. Il ne faudrait que s'écarter du naturel pour se jeter dans l'extraordinaire [2] ». Tout le projet

---

1. Corneille, *L'Illusion comique*, « Dédicace à Mlle MFDR », 1639. \ 2. Racine, première Préface à *Britannicus*, p. 12.

de Racine est de revenir au « naturel [1] », c'est-à-dire à la représentation de la nature humaine, dont la psychologie, même obscure et funeste, n'en est pas moins fondée rationnellement, dans le respect de règles qui rendent le théâtre vraisemblable.

L'AFFIRMATION DU CLASSICISME

Un théâtre cohérent

Racine insiste ainsi, dans sa première Préface à *Britannicus* (1670), sur la cohérence de son action : « Pour moi, j'ai toujours compris que la tragédie étant l'imitation d'une action complète, où plusieurs personnes concourent, cette action n'est point finie que l'on ne sache en quelle situation elle laisse ces mêmes personnes [2]. » Racine indique ainsi qu'il est nécessaire à la structure de la pièce d'ajouter au meurtre de Britannicus la retraite de Junie, la mort de Narcisse, les craintes d'Agrippine et l'errance de Néron. À la différence de ce qui se passe dans le théâtre baroque où les péripéties s'accumulent sans nécessité, il ne s'agit pas ici de rebondissements hétéroclites, mais de l'accomplissement global du mouvement de l'action dont chaque élément est porteur de sens. Et l'action elle-même ne laisse aucune place à l'arbitraire ou à l'invraisemblable : s'il surprend et touche les spectateurs par sa violence, l'enchaînement des événements dans *Britannicus* répond à une logique forte, fondée sur les ressorts de la psychologie humaine et de la mécanique politique. Le dénouement n'est plus un coup de force inattendu, il est l'aboutissement inéluctable d'une logique de l'action, qui est confirmée par la tradition historique : l'empereur qui, sous nos yeux, accomplit son premier crime, a effectivement laissé le souvenir d'un homme coupable de graves fautes.

Un renouveau du tragique

L'art baroque affirmait la vanité du monde et proclamait que tout est illusion. L'esthétique classique, au contraire, exalte la maîtrise de soi et s'efforce de contraindre la nature par des règles strictes. Les règles de la tragédie répondent à cet effort. Il s'agit de produire une œuvre ordonnée qui se soumet à des contraintes formelles, de produire une réflexion morale élevée en choisissant des sujets nobles qui mettent en

---

1. Voir « Le naturel racinien », p. 133. \ **2.** Racine, première Préface à *Britannicus*, p. 12.

scène les plus grandes figures historiques, et de faire œuvre utile en montrant la condition de l'homme en proie au danger des passions humaines. Lorsqu'il met en scène la toute-puissance des passions sur les hommes (y compris les monarques), Racine instaure un théâtre tragique tout entier tourné vers le conflit psychologique des individus soumis aux passions, y compris la passion de dominer, qui est chez les souverains raciniens la passion proprement politique.

Le naturel racinien

Le Néron de l'Histoire fit périr Britannicus à cause d'une rivalité politique. En faisant intervenir le personnage de Junie comme enjeu amoureux entre les deux hommes, Racine explicite les mobiles de l'action par une dynamique humaine strictement psychologique. Certes, c'est pour des raisons politiques que le Néron de Racine fait enlever Junie, mais c'est le désir brutalement éprouvé pour elle qui déclenche le processus qui conduit à l'assassinat de Britannicus. Ce faisant, Racine ne contredit ni l'histoire romaine, ni même la logique politique de l'action : il lui donne une épaisseur et une complexité psychologiques, et il la rend compréhensible par des spectateurs d'une époque différente, susceptibles de se reconnaître dans les mêmes sentiments et les mêmes motivations. Cette volonté de donner une dimension universelle à l'intrigue, de la faire déborder de son cadre spécifiquement romain (puisque ce ne sont plus les motivations politiques et historiques qui permettent de rendre compte du comportement des différents personnages), est caractéristique du classicisme, toujours soucieux de toucher à l'universel.

LE CONTEXTE BIOGRAPHIQUE

UNE PERSONNALITÉ AMBIGUË

Né en Champagne en 1639, Jean Racine est un orphelin confié à l'abbaye de Port-Royal. Il sera un bon père de famille, profondément chrétien, grand lecteur de la Bible. Agonisant, en 1699, il demandera à être inhumé aux pieds du plus cher de ses anciens maîtres de Port-Royal. Cette image de Racine semble pleine d'unité, de modestie, de piété. Mais il faut observer les autres facettes du personnage.

Racine est aussi un arriviste qui, à vingt ans, ne songe qu'aux moyens de réussir et qui bientôt reniera ses anciens maîtres et sa famille adoptive. Un homme d'une infinie souplesse qui, né petit-bourgeois, parviendra à une sorte d'intimité avec le Roi-Soleil [1]. Un homme d'affaires aussi, élevé par charité pour atteindre l'opulence à quarante ans. Un homme de passions et de désordres, dont le nom paraîtra dans le scandale de l'affaire des Poisons [2]. Un homme enfin qui, en 1677, n'hésite pas à renoncer solennellement au théâtre qu'il juge alors, avec une certaine élite dévote de la Cour, une activité immorale et dangereuse.

Racine fut le principal acteur et bénéficiaire du triomphe du genre tragique en France. Il a éclipsé peu à peu le succès de Corneille et a fait de l'ombre à la plupart de ses collègues. Carriériste, il imposa sa gloire par tous les moyens : dans sa jeunesse, il n'hésite pas à faire jouer à l'Hôtel de Bourgogne sa tragédie *Alexandre le Grand*, que Molière faisait jouer depuis quinze jours au Palais-Royal ; dans sa maturité, il fit interdire par décret royal des pièces écrites par ses concurrents. Le succès ne dissipe pas chez Racine une inquiétude constante, qui s'exprime en de brillantes polémiques contre rivaux et critiques (voir les Préfaces à *Britannicus*). Même après avoir renoncé au théâtre, Racine ne cessera de revoir et de corriger avec le plus grand soin les éditions de ses tragédies. La vie d'homme public n'a jamais empêché Racine d'être un grand travailleur, lecteur assidu des œuvres latines et grecques qu'il lit, annote, traduit et commente. À cela, il faut ajouter que si Racine fut l'un des plus grands maîtres de la tragédie, il ne manqua pas d'une veine comique (*Les Plaideurs*, 1668) et d'un vrai talent lyrique (*Cantiques spirituels*, 1694).

BRITANNICUS ET LA RIVALITÉ AVEC CORNEILLE

En 1669, Racine a trente ans ; depuis deux ans, le succès de son *Andromaque* lui donne l'espoir de rivaliser avec Corneille, âgé alors de soixante ans et maître incontesté de la tragédie. On ne le croit capable d'écrire

---

1. Racine devient historiographe du roi en 1677 et secrétaire du roi en 1696. \ **2.** *L'affaire des Poisons* : en 1679, une femme nommée La Voisin est arrêtée, accusée de plusieurs empoisonnements. L'enquête remonta à la découverte de pratiques sataniques à la Cour. La rumeur disait aussi que Racine avait fait empoisonner sa maîtresse par La Voisin.

que des tragédies aux intrigues amoureuses, au lieu d'aborder les grands sujets politiques où excellait Corneille. Stimulé dans son ambition, Racine n'hésite donc plus à se mesurer à son illustre prédécesseur : avec *Britannicus*, il choisit un sujet à dimension fortement politique, qu'il emprunte pour la première fois à l'histoire romaine. Or, de ce monde romain, Corneille avait déjà tiré onze sujets de tragédie.

Britannicus représente aux yeux de son auteur une étape décisive, et il y apporte une attention toute particulière, comme il le déclare dans sa seconde Préface (1676) : « Voici celle de mes tragédies que je puis dire que j'ai le plus travaillée[1]. » Cependant, le 13 décembre 1669, la première de *Britannicus* fut un relatif échec. Boursault, un auteur dramatique en vogue, rapporte cette soirée à l'Hôtel de Bourgogne dans sa nouvelle *Artémise et Poliante* (1670). Il indique que la salle était presque vide, mais que Corneille lui-même était présent. Malgré la reconnaissance de certains « connaisseurs » comme Boileau, Racine ressentira la froideur de l'accueil réservé à sa pièce avec une certaine amertume.

Cependant, Corneille perd de son crédit, et *Britannicus* rencontre peu à peu le succès : le roi a vu la pièce et l'apprécie. On donne, sous le règne de Louis XIV, cent soixante-dix-sept représentations de *Britannicus*, dont vingt-huit à la Cour. Dans sa seconde Préface, le fier Racine note avec satisfaction : « La pièce est demeurée. C'est maintenant celle des miennes que la Cour et le public revoient le plus volontiers. Et si j'ai fait quelque chose de solide et qui mérite quelque louange, la plupart des connaisseurs demeurent d'accord que c'est ce même *Britannicus*[2]. »

LA RÉCEPTION DE LA PIÈCE

AU XVIIe SIÈCLE : DES CONTEMPORAINS DÉCONCERTÉS

Andromaque, mais surtout *Britannicus*, déconcertèrent le premier public de Racine. Boursault, présent à la première représentation de *Britannicus*, se fait l'écho du désarroi des spectateurs : « Agrippine leur parut fière sans sujet [...], Britannicus amoureux sans jugement [...], Néron cruel sans malice. » Il poursuit ainsi : « L'idée de Narcisse, d'Agrippine

---

1. Racine, seconde Préface à *Britannicus*, p. 15. \ 2. Racine, seconde Préface à *Britannicus*, p. 15.

et de Néron : l'idée, dis-je, si noire et si horrible qu'on se fait de leurs crimes, ne saurait s'effacer de la mémoire du spectateur… l'horreur qu'il s'en forme détruit en quelque manière la pièce [1]. » Saint-Évremond, lui, réagit en « cornélien » : « Ici point de grandeur surhumaine, point de héros grand même dans le mal : Rome n'est que le théâtre de turpitudes atroces, un tyran y est décrit au milieu des plus noires intrigues de cour [2]. » On imagine mal aujourd'hui, où la tragédie s'associe pour nous à la noirceur, au pessimisme, que le public du XVIIe siècle ait pu réclamer de nobles sentiments, une sublimation de héros que l'on puisse admirer. Même le poète Boileau, frère d'armes de Racine, nous met sur la voie d'une objection centrale : « Britannicus est trop petit devant Néron [3]. »

AU XVIIIe SIÈCLE : L'ÉLÉGANCE DE RACINE

Le XVIIIe siècle sera au contraire sensible chez Racine à la peinture de l'amour et du sentiment. Voltaire compose un éloge ambigu lorsque, dans *Le Temple du goût* (1733), il parle de Britannicus, Bajazet, Xipharès (dans *Mithridate*) et Hippolyte (dans *Phèdre*) en disant qu'ils « ont tous le même mérite/Tendres, galants, doux et discrets/Et l'amour qui marche à leur suite/Les croit des courtisans français [4] ». Il ajoute, dans son *Discours de réception à l'Académie* (1764) : « Si on peut condamner en lui [Racine] quelque chose, c'est de s'être quelquefois contenté de l'élégance, de n'avoir que touché le cœur, quand il pouvait le déchirer [5]. » Diderot, Vauvenargues et leurs contemporains ne cesseront de louer le génie de la langue de Racine, son style inné, son caractère harmonieux et touchant. On est loin de l'horreur inspirée par *Britannicus* au public lors de sa création.

AU XIXe SIÈCLE : DES LECTURES IDÉOLOGIQUES

Durant le siècle des révolutions, la réception de la pièce varie au gré des préoccupations politiques. Napoléon, après une représentation ou le comédien Talma interprétait Néron, lui donne ce conseil : « Je voudrais reconnaître davantage dans votre jeu le combat d'une mauvaise nature

1. Boursault, *Artémise et Poliante*, 1670. \ 2. Saint-Évremond, *Lettres*, 1670. \ 3. Boileau, Notice de *Britannicus*, in *Œuvres de Jean Racine*, édition de Pierre Mesnard, Hachette, 1865-1886, p. 231. \ 4. Voltaire, *Le Temple du goût*, 1733. \ 5. Voltaire, *Discours de réception à l'Académie*, in *Œuvres complètes*, vol. 30A, The Voltaire Foundation, Oxford, 2003.

avec une bonne éducation ; je voudrais aussi que vous fissiez moins de gestes ; ces natures-là ne se répandent pas au dehors, elles sont plus concertées [1]. » Conseil précieux de la part d'un empereur qui avait lu *Le Prince* de Machiavel, et qui était maître dans l'art de la dissimulation politique ! Napoléon avait suivi les traces d'Auguste, prenant par la force un pouvoir consulaire qui lui donnait en réalité un pouvoir monarchique absolu. La période napoléonienne frappe en effet par l'importance politique de la référence à l'Empire romain. Implicitement (car la censure allait bon train), la problématique politique de *Britannicus* revêtait une actualité toute particulière.

Dans les années 1870, le triomphe de la bourgeoisie amena au contraire une lecture sociale fort réductrice de la pièce. Le modèle bourgeois devait occulter la dimension tragique des héros antiques, pour mettre en valeur les structures familiales dominantes. Ainsi le critique Francisque Sarcey peut affirmer en 1872 : « Néron est impatient d'échapper à la tutelle impérieuse de sa mère, amoureux d'une jolie fille qu'il a rencontrée en chemise de nuit et jaloux de son frère [2]. » La pièce devient « une tragédie bourgeoise, une intrigue de cour, une comédie d'alcôve se terminant en drame à la Zola [3] ».

AU XXᵉ SIÈCLE : UN RENOUVEAU RACINIEN

Le lyrisme de Racine

Le XXᵉ siècle a trouvé un intérêt nouveau à l'œuvre de Racine. Cet intérêt a d'abord été d'ordre poétique, et s'est manifesté par l'admiration de grands écrivains (Paul Valéry, Jean Giraudoux, etc.). On est sensible, au-delà du drame, aux beautés d'un pur lyrisme, à la musicalité des vers et à la perfection de la langue. Les années trente et quarante sont le temps d'un retour au goût pour le classicisme. En ces décennies agitées, le désir de perfection formelle, de beauté éternelle s'affirme et l'on se tourne vers les « grands classiques français », dont Racine devient l'un des principaux modèles. Dans *Littérature*, Giraudoux écrit :

---

1. Propos de Napoléon rapportés par Las Cases dans le *Mémorial de Sainte-Hélène*, 18-19 mars 1816. \ 2. Francisque Sarcey, *Quarante ans de théâtre*, vol. « La tragédie », 1872. \ 3. Émile Faguet, *XVIIᵉ siècle*, 1885.

Racine ne récite pas, Racine ne dit pas. Tous ses vers sont choisis, non dans un dictionnaire de beautés, mais de silences. [...] Le nom, l'adjectif, le verbe reprennent leur valeur absolue. [...] Jamais génitifs n'exprimèrent plus délicatement et plus impérieusement la dépendance, possessifs la possession, relatifs la relation [1].

Un tragique de la désillusion

La prise de conscience de la spécificité du tragique de Racine est d'abord passée par une comparaison fréquente avec le tragique cornélien, dont la nature semblait plus saisissable, puisqu'elle faisait appel à un héroïsme radical et nettement marqué par un idéalisme aristocratique. Mais la critique est embarrassée devant la conception racinienne de l'héroïsme et des valeurs. Paul Bénichou, dans *Morales du Grand Siècle*, compare Corneille à Racine et constate chez ce dernier l'effacement des valeurs cornéliennes. Il parle de « démolition du héros » :

L'évocation de la Rome républicaine est devenue bien pâle dans *Britannicus* ; la vertu romaine est un souvenir, et non plus un ressort de l'action, et la tirade où Burrhus décrit à Néron le monarque idéal qu'il pourrait être ressemble plus à une supplique désespérée qu'aux ombrageuses remontrances qu'on trouve en pareil cas chez Corneille [2].

Pour Philip Butler, le tragique racinien marque précisément le temps de la désillusion et la fin de l'univers héroïque du théâtre de Corneille.

La carence de l'idéal baroque se joue sous nos yeux : la destruction du vieux rêve chevaleresque et la désillusion du héros sont un élément du tragique racinien. [...] Ainsi la désillusion du héros, [...], de Néron, [...], apparaît comme le point de départ du drame, le catalyseur indispensable de la situation. Elle abolit tout un univers conventionnel, dans lequel certains problèmes classiques comportent certaines solutions prévues [...]. Elle ouvre un monde où ne règne aucun précédent, où l'arbitraire fait loi, en ce sens que

---

1. Jean Giraudoux, *Littérature*, Grasset, 1941 ; Gallimard, coll. « Idées », 1967, p. 41-42.
\ **2.** Paul Bénichou, *Morales du Grand Siècle*, Gallimard, 1948, p. 246-247.

chaque personnage est forcé d'être original et de trouver ses propres réponses, de ne compter que sur lui-même et de n'être que soi[1].

Deux lectures marquantes : Goldmann et Barthes

Le critique Lucien Goldmann place la pensée religieuse du jansénisme au cœur du tragique racinien et fait de Junie (qui se retire chez les vestales comme on se retire à l'abbaye de Port-Royal) l'héroïne tragique par excellence. D'un côté le monde, sauvage, illusoire et abandonné, de l'autre une héroïne refusant de se compromettre, dressée dans son rejet du monde vers un Dieu qui se cache et dont les desseins sont impénétrables :

> Sur scène, deux personnages : au centre, le monde composé de fauves – Néron et Agrippine –, de fourbes – Narcisse –, de gens qui ne veulent pas voir et comprendre la réalité, qui tentent désespérément de tout arranger par des illusions semi-conscientes – Burrhus –, de victimes pures, passives, sans aucune force intellectuelle ou morale – Britannicus. À la périphérie, Junie, le personnage tragique, dressé contre le monde et repoussant jusqu'à la pensée du moindre compromis. Enfin, le troisième personnage de toute tragédie, absent et pourtant plus réel que tous les autres : Dieu[2].

Sur Racine, le court ouvrage du célèbre critique et écrivain Roland Barthes, a été, en son temps, une révolution dans les études raciniennes. Suivant une méthode à la fois structuraliste et psychanalytique, Barthes fait un portrait de l'homme racinien tel qu'il ne ressort que des textes, sans s'attarder sur le contexte biographique et historique de l'œuvre. Le héros racinien est fait de peurs, d'enfermement, de contraintes psychiques, qui en font un sujet intéressant pour la psychanalyse. Dans l'extrait suivant, Barthes expose la perspective générale de son projet :

> Ce que j'ai essayé de reconstituer est une sorte d'anthropologie racinienne, à la fois structurale et analytique : structurale dans le fond, parce que la tragédie est traitée ici comme un système d'unités (les « figures ») et de fonctions ; analytique dans la forme, parce que seul un langage prêt à recueillir la peur du monde, comme

1. Philip Butler, *Classicisme et Baroque dans l'œuvre de Racine*, Nizet, 1959. \ 2. Lucien Goldmann, *Le Dieu caché*, Gallimard, 1956, p. 363.

l'est, je crois, la psychanalyse, m'a paru convenir à la rencontre d'un homme enfermé[1].

BRITANNICUS À LA SCÈNE

Britannicus est, tout au long du xxe siècle et aujourd'hui encore, la tragédie de Racine la plus représentée après *Andromaque*. Mais il a fallu attendre les années soixante-dix pour voir des mises en scènes novatrices, qui donnent une lecture originale et nouvelle de la pièce. Nous retiendrons quelques mises en scène qui ont fait date.

Jean-Pierre Miquel : un parallèle entre Néron et Louis XIV

En 1978, Jean-Pierre Miquel monte *Britannicus* à la Comédie-Française. Il lui donne un sous-titre, « La prise du pouvoir », et suggère par cette allusion au film de Roberto Rosselini, *La prise de pouvoir par Louis XIV* (1966), peinture subtile et sombre de la réalité du pouvoir louis-quatorzien, un parallèle entre le monarque français et l'empereur romain. Néron y est un homme d'État suprêmement intelligent, conduit par un plan mûrement établi à l'avance. Seule la résistance de Junie le conduit au meurtre. Jean-Pierre Miquel voit « les comportements psycho-pathologiques d'Agrippine et de Néron comme des manœuvres destinées à égarer l'entourage ». Il entend exhiber « le démontage d'un mécanisme politique[2] ». Cette lecture de *Britannicus*, et l'assimilation de l'action aux formes modernes du pouvoir, relègue la psychologie au rang d'arme politique et confère à l'œuvre de Racine une actualité et une dimension critique nouvelles.

Gildas Bourdet : la violence sous le masque de la pureté

En 1979, Gildas Bourdet présente, à Tourcoing, une mise en scène où, par une esthétique quasi cinématographique, les personnages circulent dans une sorte de musée, guindés dans des allures aristocratiques qui peuvent se trahir en dévoilant des individus violents et instinctifs. Le jeu des acteurs souligne l'aspect artificiel de l'alexandrin. L'illusion et l'artifice sont soulignés : la contradiction entre la pureté formelle et poétique

---

1. Roland Barthes, *Sur Racine*, Seuil, 1963, p. 5-6. \ 2. Jean-Pierre Miquel, *Sur la tragédie*, Actes Sud, 1988.

de la pièce, et la sauvagerie des passions des personnages, contribue à souligner la violence du tragique racinien.

Antoine Vitez : une érotisation des passions

Antoine Vitez, au Palais de Chaillot en 1980, insiste sur la dimension érotique de l'intrigue. Destinée à toucher un large public, la pièce met au premier plan le désir : la passion amoureuse de Junie et Britannicus y est centrale, la perversité de Néron et le caractère incestueux de la relation entre Agrippine et son fils y sont suggérés (voir « Vers l'épreuve », sujet 4, p. 183).

Alain Françon : Néron ou la difficulté d'être

En 1991, Alain Françon monte *Britannicus* : il veut montrer comment trois adolescents (Néron, Junie et Britannicus) sont broyés par les adultes (Agrippine, Burrhus, Narcisse). Pour Alain Françon, Néron n'est pas un « psychotique » mais un « être solaire » en proie au doute et à la difficulté d'être : c'est pourquoi l'interprète du rôle, Laurent Grévill, ressemble étrangement à l'image traditionnelle de Hamlet.

Le succès de *Britannicus* au théâtre montre combien le public, guidé par les metteurs en scène, a su y retrouver, au-delà de l'appartenance de la tragédie à une époque et à un genre, des préoccupations universelles : la violence des relations humaines toujours soumises à des enjeux de pouvoir et de désir (voir « Vers l'épreuve », sujet 4, p. 184-185).

GROUPEMENT DE TEXTES : LA FIGURE DU SOUVERAIN DANS LA RÉFLEXION POLITIQUE ET AU THÉÂTRE

Après avoir lu l'ensemble des textes ci-dessous, vous répondrez aux questions suivantes.

1. Relisez les textes 2 et 5. Quelle conception du souverain se dégage des textes de Machiavel et Pascal ? Quels traits communs et quelles oppositions apparaissent chez ces deux auteurs ?

2. Comparez le Néron de Racine à celui de ses prédécesseurs (Pseudo-Sénèque et Tristan L'Hermite). Qu'ont-ils en commun ? Qu'est-ce qui semble distinguer le personnage de Racine des autres Nérons ?

3. Montrez quelles valeurs morales et politiques incarne Auguste dans *Cinna* (texte 3). Les retrouve-t-on évoquées dans *Britannicus* ?

4. Quelle conception de la condition humaine Caligula illustre-t-il ? Qu'est-ce qui distingue ce texte de 1944 d'une tragédie du xviie siècle ? Qu'est-ce qui, éventuellement, l'en rapproche ?

TEXTE 1 • Pseudo-Sénèque, *Octavie* (vers 69 après Jésus-Christ)

in *Tragédies*, t. III, éd. par F.R. Chaumartin, éd. Les Belles Lettres, 1999.

Cette pièce, longtemps attribuée à Sénèque, est l'œuvre d'un contemporain de Néron, proche de la Cour impériale. Elle est le seul exemple conservé d'un genre romain, la tragédie « prétexte », dont le sujet est emprunté à l'histoire nationale et non à la mythologie. Le jeune tyran Néron, qui vient d'ordonner l'exécution de deux opposants, affronte son précepteur Sénèque, dans une joute oratoire qui présente une réflexion sur le bon exercice du pouvoir politique.

> NÉRON. – Anéantir l'ennemi est la plus grande qualité d'un chef.
>
> SÉNÈQUE. – Garder en vie ses concitoyens en est une plus grande, chez le père de la patrie.
>
> 5 NÉRON. – Un homme âgé ne peut qu'être modéré dans les conseils qu'il prodigue à un jeune homme.
>
> SÉNÈQUE. – La jeunesse est bouillonnante : elle n'en doit être que davantage dirigée.
>
> NÉRON. – Je trouve qu'à cet âge on est assez avisé.
>
> 10 SÉNÈQUE. – Puissent les dieux ne jamais trouver rien à redire à tes actes.
>
> NÉRON. – Craindrai-je bêtement les dieux, quand c'est moi qui les fais ?
>
> SÉNÈQUE. – Crains-les d'autant plus que ton pouvoir est si grand.
>
> 15 NÉRON. – La Fortune, qui m'est favorable, me permet tout.
>
> SÉNÈQUE. – Ne crois pas trop à ses faveurs : c'est une divinité volage.
>
> NÉRON. – C'est manquer d'intelligence que d'ignorer l'étendue de ce que l'on peut.
>
> 20 SÉNÈQUE. – Ce qui est louable, c'est de faire ce que l'on doit, non ce que l'on peut.

NÉRON. – La foule piétine l'homme à terre.

SÉNÈQUE. – Elle écrase celui qu'elle honnit.

NÉRON. – Le glaive protège le prince.

25 SÉNÈQUE. – La confiance le fait mieux.

NÉRON. – César doit être craint.

SÉNÈQUE. – Aimé plus encore.

NÉRON. – Il faut que l'on me craigne…

SÉNÈQUE. – Tout ce qui est obtenu par la force est odieux.

25 NÉRON. – Et que l'on obéisse à mes ordres.

SÉNÈQUE. – Ne donne que des ordres justes.

TEXTE 2 . Machiavel, *Le Prince* (1515), chapitre XV

Trad. E. Barincou, Gallimard, coll. « Bibliothèque de la Pléiade », 1952.

À la Renaissance, le théoricien politique italien Nicolas Machiavel (1469-1527), dans son célèbre ouvrage *Le Prince* (1515), établit l'importance des conditions favorables ou non à l'accession au pouvoir et au maintien du régime (fortune, scélératesse, habileté), les forces avec lesquelles le prince doit compter (les grands, le peuple) et ses qualités (intelligence, courage). Mais pour assurer la conservation de son pouvoir, le prince doit éviter de se faire haïr ou mépriser. Pour Machiavel, l'obéissance ne va pas de soi, car il n'y a pas de fondements rationnels au pouvoir politique ; celui-ci découle plutôt de passions comme l'admiration et la crainte. Mais en dernière instance, Machiavel estime « qu'il est beaucoup plus sûr d'être craint qu'aimé » (chapitre XVII).

Reste maintenant à voir quelles doivent être les manières et façons du prince envers ses sujets et ses amis. Et comme je sais bien que plusieurs autres ont écrit de la même manière, je crains que, si moi-même j'en écris, je sois estimé présomptueux si je
5 m'éloigne, surtout en traitant cet article, de l'opinion des autres. Mais étant mon intention d'écrire choses profitables à ceux qui les entendront, il m'a semblé plus convenable de suivre la vérité effective de la chose que son imagination. Plusieurs se sont imaginé des républiques et des principautés qui ne furent jamais vues ni connues pour vraies. Mais il y a si loin de la sorte qu'on
10 vit à celle selon laquelle on devrait vivre, que celui qui laissera ce qui se fait pour cela qui se devrait faire, il apprend plutôt à

se perdre qu'à se conserver ; car qui veut faire entièrement pro-
fession d'homme de bien, il ne peut éviter sa perte parmi tant
15 d'autres qui ne sont pas bons. Aussi est-il nécessaire au prince
qui se veut conserver, qu'il apprenne à pouvoir n'être pas bon,
et d'en user ou n'en user pas selon la nécessité. Laissant donc à
part les choses qu'on a imaginées pour un prince, et discourant
de celles qui sont vraies, je dis que tous les hommes, quand on
20 en parle, et principalement les princes, pour être ceux-ci en plus
haut degré, on leur attribue une de ces qualités qui apportent
ou blâme ou louange. C'est-à-dire que quelqu'un sera tenu pour
libéral, un autre pour ladre […], quelqu'un sera estimé donneur,
quelqu'un rapace ; quelqu'un cruel, quelqu'autre pitoyable ; l'un
25 trompeur, l'autre homme de parole ; l'un efféminé et lâche,
l'autre hardi et courageux ; l'un affable, l'autre orgueilleux ; l'un
paillard, l'autre chaste ; l'un rond, l'autre rusé ; l'un opiniâtre,
l'autre accommodant ; l'un grave, l'autre léger ; l'un religieux,
l'autre incrédule ; et pareillement des autres. Je sais bien que
30 chacun confessera que ce serait chose très louable qu'un prince
se trouvât ayant de toutes les susdites qualités celles qui sont
tenues pour bonnes ; mais, comme elles ne se peuvent toutes
avoir, ni entièrement observer, à cause que la condition humaine
ne le permet pas, il lui est nécessaire d'être assez sage pour qu'il
35 sache éviter l'infamie de ses vices qui lui feraient perdre ses
États ; et de ceux qui ne les lui feraient point perdre, qu'il s'en
garde, s'il lui est possible ; mais s'il ne lui est pas possible, il peut
avec moindre souci les laisser aller. *Et etiam* [et aussi] qu'il ne se
soucie pas d'encourir le blâme de ses vices sans lesquels il ne peut
40 aisément conserver ses États ; car, tout bien considéré, il trouvera quelque chose qui semble être vertu, et en la suivant ce
serait sa ruine ; et quelque autre qui semble être vice, mais en la
suivant, il obtient aise et sécurité.

TEXTE 3 • **Corneille, *Cinna ou la clémence d'Auguste* (1642), acte V, scène 3**

Dans *Cinna*, Corneille met en scène l'empereur Auguste. Émilie, dont
Auguste a fait tuer le père durant les guerres civiles, entraîne Maxime
et son amant Cinna dans une conjuration contre l'empereur. Pourtant,
ce dernier fait confiance aux deux hommes qui doivent l'aider à conso-

lider un Empire menacé par les complots. Lorsqu'Auguste apprend la conjuration de Cinna, Maxime et Émilie, il décide d'abord de les punir sévèrement : mais il trouve la force de se hausser au-dessus du reste des humains et accorde sa grâce aux trois personnages. Dans la scène suivante, Auguste vient de découvrir la culpabilité des conjurés :

AUGUSTE.— En est-ce assez, ô Ciel, et le Sort pour me nuire
A-t-il quelqu'un des miens qu'il veuille encor séduire ?
Qu'il joigne à ses efforts le secours des Enfers,
Je suis maître de moi comme de l'Univers.
5   Je le suis, je veux l'être. Ô Siècles, ô Mémoire,
Conservez à jamais ma dernière victoire,
Je triomphe aujourd'hui du plus juste courroux
De qui le souvenir puisse aller jusqu'à vous.
Soyons amis, Cinna, c'est moi qui t'en convie :
10 Comme à mon ennemi je t'ai donné la vie,
Et malgré la fureur de ton lâche destin,
Je te la donne encor comme à mon assassin.
Commençons un combat qui montre par l'issue
Qui l'aura mieux de nous, ou donnée, ou reçue.
15 Tu trahis mes bienfaits, je les veux redoubler,
Je t'en avais comblé, je t'en veux accabler.
Avec cette beauté que je t'avais donnée
Reçois le Consulat pour la prochaine année.
Aime Cinna, ma fille, en cet illustre rang,
20 Préfères-en la pourpre à celle de mon sang,
Apprends sur mon exemple à vaincre ta colère,
Te rendant un époux, je te rends plus qu'un père.

ÉMILIE. — Et je me rends, Seigneur, à ces hautes bontés,
Je recouvre la vue auprès de leurs clartés,
25 Je connais mon forfait qui me semblait justice,
Et ce que n'avait pu la terreur du supplice,
Je sens naître en mon âme un repentir puissant,
Et mon cœur en secret me dit qu'il y consent.
Le Ciel a résolu votre grandeur suprême,
30 Et pour preuve, Seigneur, je n'en veux que moi-même ;
J'ose avec vanité me donner cet éclat,

Puisqu'il change mon cœur, qu'il veut changer l'État.
Ma haine va mourir, que j'ai crue immortelle,
Elle est morte, et ce cœur devient Sujet fidèle,
35   Et prenant désormais cette haine en horreur,
L'ardeur de vous servir succède à sa fureur.

CINNA. - Seigneur, que vous dirai-je après que nos offenses
Au lieu de châtiments trouvent des récompenses ?
Ô vertu sans exemple ! Ô clémence qui rend
40   Votre pouvoir plus juste et mon crime plus grand.

TEXTE 4 • Tristan L'Hermite, *La Mort de Sénèque* (1644), acte I, scène 1

Nous avons modernisé l'orthographe du texte.

Tristan l'Hermite est l'un des grands représentants de l'esthétique baroque. Il écrit en 1644 une tragédie consacrée au règne de Néron. Après la répudiation et l'assassinat de l'impératrice Octavie par Néron et l'élimination de Burrhus, la maîtresse de l'empereur, l'ambitieuse Sabine Poppée, enceinte de Néron, entreprend de le convaincre d'éliminer Sénèque, dernier obstacle à la tyrannie de Néron et à ses propres ambitions. Dans cette scène, où le personnage de Sabine incarne la figure du mauvais conseiller qui accompagne les despotes, se dévoile le parfait cynisme qui régit la politique tyrannique.

SABINE. — Tu sais bien que Sénèque et Burrus n'étaient qu'un,
Qu'ils avaient les honneurs et les biens en commun ;
Qu'ils ont également partagé ta puissance,
Gagné même crédit, et pris même licence ;
5   Et qu'étant d'Agrippine appuyés hautement,
Ils l'ont, comme à l'envi, traitée ingratement :
L'un s'en doit-il aller sans que l'autre le suive ?
Faut-il que Burrus meure, et que Sénèque vive ?
C'est à toi seulement qu'il peut être permis
10   De respecter si fort tes plus grands ennemis.
Pour moi je n'aime point cette avide sangsue,
Qui ne peut contenir l'humeur [1] qu'elle a reçue,

---

1. *Humeur* : substance liquide qui circulait, croyait-on, dans le corps et déterminait le tempérament de l'individu.

Et qui par le moyen de ses secrets ressorts
Te veut avec le sang, ôter l'âme du corps.

15 Ne trouve point mauvais si mon zèle s'exprime
A chercher ton salut en découvrant son crime.
C'est un Dieu qui me porte à rompre son dessein,
C'est un petit César qui parle dans mon sein,
Et qui te donne avis que cet homme perfide,

20 Si tu ne le préviens, sera ton parricide.

NÉRON. – Sabine, c'est sans doute une éponge à presser ;
Mais pour le perdre mieux il faut le caresser,
Il faut lui tendre un piège avec tant d'artifice
Qu'on lui puisse imputer notre propre malice[1] ;

25 D'un filet si subtil il faut l'envelopper
Qu'il s'y perde lui-même en pensant échapper,
Et que les gens de bien déçus[2] par l'apparence,
En le voyant périr blâment son imprudence ;
Rencontrant un écueil en un port apparent,

30 Ce grand maître apprendra qu'il est fort ignorant.

SABINE. – Pourquoi dans ce dessein prendre une voie oblique ?

NÉRON. – De peur de nous charger de la haine publique,
L'envie avec cent yeux nous regarde de près,
Il ne faut pas agir pour repâtir[3] après.

35 Ma haine en cet endroit doit être circonspecte,
Tu sais l'humeur du peuple, il faut qu'on la respecte.
Ce farouche animal sujet au changement,
Commence à s'ennuyer de mon gouvernement,
Et pourrait essayer de se mettre en franchise[4]

40 Si mes déportements lui donnaient quelque prise.
Le Sénat qui me hait et feint de m'adorer
Ne voudrait qu'un sujet pour me déshonorer,
Pour me lancer un trait de sa rage couverte
Et pousser les Romains à conspirer ma perte.

45 Puis, me dois-je assurer d'avoir un serviteur

---

1. *Malice :* malignité, caractère mauvais. \ **2.** *Déçus :* trompés. \ **3.** *Repâtir :* regretter, subir les conséquences. \ **4.** *Se mettre en franchise :* s'affranchir.

Faisant ouvertement périr mon précepteur ?
Si désirant ma mort il garde le silence,
Je ne saurais le perdre avecque[1] violence.

TEXTE 5 • Pascal, Troisième *Discours sur la condition des grands* (1660)

Blaise Pascal (1623-1662) fut savant, philosophe, apologiste de la religion chrétienne, ami et soutien des jansénistes de Port-Royal. Parmi ses œuvres majeures, on notera les *Provinciales*, œuvre polémique contre les jésuites, et les *Pensées*, recueil posthume de fragments philosophiques. Les trois *Discours sur la condition des grands* marquent une période de collaboration active entre Pascal et Port-Royal. Ces discours furent destinés, semble-t-il, à l'un des enfants nobles élevés à Port-Royal, sans doute le duc de Luynes. Pascal était très attaché à contribuer à cette œuvre d'éducation (de direction, disait-on à l'époque), à laquelle il voulait consacrer toute son énergie. Le texte que nous possédons a été prononcé par Pascal, et transcrit vraisemblablement avec fidélité par un contemporain.

Je vous veux faire connaître, Monsieur, votre condition véritable ;
car c'est la chose du monde que les personnes de votre sorte ignorent le plus. Qu'est-ce, à votre avis, d'être grand seigneur ? C'est
être maître de plusieurs objets de la concupiscence des hommes,
5 et ainsi pouvoir satisfaire aux besoins et aux désirs de plusieurs.
Ce sont ces besoins et ces désirs qui les attirent auprès de vous, et
qui font qu'ils se soumettent à vous : sans cela ils ne vous regarderaient pas seulement ; mais ils espèrent, par ces services et ces
déférences qu'ils vous rendent obtenir de vous quelque part de ces
10 biens qu'ils désirent et dont ils voient que vous disposez.
Dieu est environné de gens pleins de charité, qui lui demandent
les biens de la charité qui sont en sa puissance : ainsi il est proprement le roi de la charité.
Vous êtes de même environné d'un petit nombre de personnes,
15 sur qui vous régnez en votre manière. Ces gens sont pleins de
concupiscence. Ils vous demandent les biens de la concupiscence ;
c'est la concupiscence qui les attache à vous. Vous êtes donc

---

1. *Avecque* : mis pour « avec ». Fréquent au XVIIᵉ siècle, pour obtenir douze syllabes dans l'alexandrin.

proprement un roi de concupiscence. Votre royaume est de peu
d'étendue ; mais vous êtes égal en cela aux plus grands rois de la
20 terre ; ils sont comme vous des rois de concupiscence. C'est la
concupiscence qui fait leur force, c'est-à-dire la possession des
choses que la cupidité des hommes désire.

Mais en connaissant votre condition naturelle, usez des moyens
qu'elle vous donne, et ne prétendez pas régner par une autre voie
25 que par celle qui vous fait roi. Ce n'est point votre force et votre
puissance naturelle qui vous assujettit[1] toutes ces personnes. Ne
prétendez donc point les dominer par la force, ni les traiter avec
dureté. Contentez leurs justes désirs, soulagez leurs nécessités ;
mettez votre plaisir à être bienfaisant ; avancez-les autant que vous
30 le pourrez, et vous agirez en vrai roi de concupiscence.

TEXTE 6 . Camus, *Caligula* (1944), acte III, scène 2

Éditions Gallimard.

En mettant en scène le règne sanguinaire de l'empereur Caius Caligula,
Camus dessine un personnage qui est à la fois un ange révolté en quête
d'absolu et un monstre d'impureté. Conçu comme un héros de l'absurde,
Caligula devint après la Seconde Guerre mondiale le symbole des horreurs
du nazisme. Amoureux de la poésie et de la lune, il commet impunément les pires crimes. Il rencontre le jeune Scipion, en qui il découvre
une sorte de double : Scipion est « pur dans le bien » comme lui-même
est « pur dans le mal ». À la tête d'une conjuration, Scipion fasciné se
laissera pourtant étrangler par l'empereur, et Caligula, méprisant sa
propre vie, laissera les autres conjurés l'assassiner.
Dans la scène suivante, Caligula s'est présenté au peuple sous le dégui-
sement grotesque de la déesse Vénus : il oblige les gens à l'adorer et à
lui verser une obole. Scipion est choqué de ce blasphème.

CALIGULA. – Si tu veux bien, cela restera comme le grand secret
de mon règne. Tout ce qu'on peut me reprocher aujourd'hui,
c'est d'avoir fait encore un petit progrès sur la voie de la puissance et de la liberté. Pour un homme qui aime le pouvoir, la
5 rivalité des dieux a quelque chose d'agaçant. J'ai supprimé cela.

---

1. Au XVIIe siècle, on accorde souvent le verbe au sujet le plus proche (accord de proximité).

J'ai prouvé à ces dieux illusoires qu'un homme, s'il en a la volonté, peut exercer, sans apprentissage, leur métier ridicule.

SCIPION. – C'est cela, le blasphème, Caius.

CALIGULA. – Non, Scipion, c'est de la clairvoyance. J'ai simple-
10   ment compris qu'il n'y a qu'une façon de s'égaler aux dieux : il suffit d'être aussi cruel qu'eux.

SCIPION. – Il suffit de se faire tyran.

CALIGULA. – Qu'est-ce qu'un tyran ?

SCIPION. – Une âme aveugle.

15 CALIGULA. – Ce n'est pas sûr, Scipion. Mais un tyran est un homme qui sacrifie des peuples à ses idées ou à son ambition. Moi, je n'ai pas d'idées et je n'ai plus rien à briguer en fait d'honneurs et de pouvoir. Si j'exerce ce pouvoir, c'est par compensation.

SCIPION. – À quoi ?

20 CALIGULA. – À la bêtise et à la haine des dieux.

SCIPION. – La haine ne compense pas la haine. Le pouvoir n'est pas une solution. Et je ne connais qu'une façon de balancer l'hostilité du monde.

CALIGULA. – Quelle est-elle ?

25 SCIPION. – La pauvreté.

CALIGULA, *soignant ses pieds*. – Il faudra que j'essaie de celle-là aussi [1].

---

1. Il choisit une couleur de vernis pour les ongles de ses pieds.

L'ŒUVRE DANS UN GENRE

BRITANNICUS, UNE ŒUVRE THÉÂTRALE

Comme toute œuvre théâtrale, la pièce de Racine présente des spécificités, et notamment la *double énonciation et double destination*.

Un texte dramatique prend tout d'abord en compte le double effet de son énonciation ; un personnage peut donner un double sens à ses propos : ironie, allusion à un fait que son interlocuteur ne sait pas, paroles mensongères, etc. C'est la double énonciation, dont la complexité renvoie à celle de l'intrigue tragique (conflits, volonté de domination, malentendus, erreurs).

Ainsi, les paroles d'un personnage s'adressent à son interlocuteur, et visent à produire un effet sur lui et sur l'action. Mais elles sont aussi reçues par le spectateur, qui n'en est pas le destinataire immédiat, mais qui doit en recevoir aussi un effet : émotion, intelligence de la situation par exemple. Le plus souvent, interlocuteur et spectateur ne perçoivent pas le même effet, et c'est dans cet écart que réside l'intérêt dramatique. Le spectateur en sait souvent plus sur l'action que le personnage, et peut entendre à double sens les paroles prononcées. C'est la double destination, c'est-à-dire ce par quoi la double énonciation se manifeste au public de la tragédie, pour produire sur lui un effet (sentiment d'intelligence de la situation, mais aussi terreur et pitié – comme le recommande Aristote[1]).

Dans *Britannicus*, Racine nous offre un cas complexe de double destination lorsque, dans la scène 6 de l'acte II, Junie se sait épiée par Néron dans son entretien avec Britannicus ; le spectateur est dans la même position que Néron (il observe de l'extérieur), mais il se fait en même temps complice de Junie, dont il comprend les propos à double sens : « Ces murs mêmes, Seigneur, peuvent avoir des yeux », dit-elle au vers 713 dans une réplique à double détente qui évoque tout à la fois notre présence de spectateurs (à l'abri derrière le « quatrième mur », celui qui

---

1. Voir « Les bienséances dans *Britannicus* », p. 155.

opère la séparation entre la scène et le public) et celle de l'empereur dissimulé. Seul Britannicus ne comprend pas, et c'est en cela que réside le tragique de la scène. De manière générale, la double destination trouve une expression particulièrement efficace dans la tragédie, puisqu'elle produit l'ironie tragique, ce malentendu fondamental des personnages face à leur propre destin ; l'ironie tragique consiste en effet dans le décalage entre ce que sait le personnage qui est victime du destin tragique et ce que sait le spectateur ou un autre personnage, qui en sait plus. Dans une telle situation, les discours prononcés sont à double entente : ils sont ironiques, parce qu'ils font allusion à une catastrophe dont seule la victime n'a pas le pressentiment. L'ironie tragique permet de souligner la cruauté d'un personnage (Narcisse), ou de susciter la pitié du spectateur (vis-à-vis de Britannicus qui, dans la scène 1 de l'acte V, au vers 1481, se réjouit avant de mourir assassiné : « Oui, Madame, Néron (qui l'aurait pu penser ?)/Dans son appartement m'attend pour m'embrasser »).

BRITANNICUS, UNE TRAGÉDIE CLASSIQUE

Les théoriciens du classicisme, humanistes et rationalistes, trouvèrent dans le domaine du théâtre un terrain bien adapté à l'application de règles cohérentes et unifiées. Voulue par les doctes, soutenue par l'État, la réforme du théâtre avait des prétentions morales. Il s'agissait de lutter à la fois contre une modernité suspecte et contre la liberté formelle excessive du théâtre baroque, considéré comme « irrégulier ». La tragédie, sur le modèle antique, devait au contraire promouvoir la réflexion sur les vertus et les crimes, mettre en évidence le débat moral et l'exemplarité du héros, dans un cadre formel établi une fois pour toutes.

Le retour à l'Antiquité classique avait été au cœur du mouvement culturel de la Renaissance. Aussi, ceux qui voulurent édicter des règles dramatiques pour endiguer la déferlante baroque se tournèrent-ils vers la *Poétique* d'Aristote et ses commentateurs de la Renaissance. En France, ce fut surtout la génération de 1630 qui célébra à son tour le culte d'Aristote.

AUX SOURCES DU CLASSICISME : RESPECT DES ANCIENS

Le respect des Anciens

Le XVIIᵉ siècle hérite de la grande admiration de la Renaissance pour l'Antiquité grecque et latine, redécouverte au travers des textes. Le culte des Anciens a plusieurs causes : d'abord, l'Antiquité est un modèle complet de civilisation (naissance, apogée et décadence). Ensuite, on se méfie des temps modernes, et nombre de penseurs du XVIIᵉ siècle sont peu enclins à croire au progrès universel. Enfin, la force de la tradition, dans tous les domaines, est si grande que le passé est en tant que tel un argument légitime [1]. C'est sans doute cet aphorisme du moraliste La Bruyère qui résume le mieux cette attitude :

> Tout est dit, et l'on vient trop tard depuis plus de sept mille ans qu'il y a des hommes qui pensent. Sur ce qui concerne les mœurs, le plus beau et meilleur est enlevé ; l'on ne fait que glaner après les anciens et les habiles d'entre les modernes [2].

Racine est résolument du parti des Anciens. Ses Préfaces à *Britannicus* en témoignent, qui accumulent les références à Tacite (et de nombreuses citations latines) et tentent de montrer que sa tragédie respecte en tous points l'autorité de l'historien antique. La question que se pose Racine dans sa première Préface de 1670 est emblématique de cette posture face à l'Antiquité : « Que diraient Homère et Virgile, s'ils lisaient ces vers ? que dirait Sophocle, s'il voyait représenter cette scène [3] ? ». Il ne faut pas s'y tromper : ce respect pour les Anciens traduit la volonté de n'avoir de comptes à rendre qu'à eux. Par là même, c'est sous leur autorité que l'on cherche à se placer. L'admiration n'empêche pas l'émulation.

---

1. Notons que cette problématique a donné lieu à la célèbre Querelle entre les Anciens et les Modernes, dont on mesure mal aujourd'hui l'importance jusqu'au XVIIIᵉ siècle : il s'agissait de déterminer qui, des auteurs antiques ou des contemporains, pouvaient prétendre à la supériorité littéraire et morale. À ce sujet, voir l'anthologie précédée d'un essai de Marc Fumaroli, *La Querelle des Anciens et des Modernes*, Gallimard, 2001. \ **2.** La Bruyère, *Les Caractères*, 1688. \ **3.** Racine, première Préface à *Britannicus*, p. 13.

La nécessité des règles

De la même manière que le classicisme se méfie de l'excès des passions, il entend canaliser le génie artistique grâce à l'application de *règles*. Car l'art est avant tout une technique, et c'est de la rationalité cohérente de ses formes qu'un plaisir utile et moral peut naître. Les doctes, champions de la « régularité », imposèrent le goût de l'ordre, de la classification et de l'institutionnalisation. Car pour les classiques, il n'y a pas de beauté qui jaillisse du hasard et du désordre.

C'est autour de ces nécessités bientôt érigées en règles que s'est élaborée la forme classique de la tragédie, dont Racine s'est fait le champion. Toute la composition de *Britannicus* est un effort pour appliquer et comprendre les règles que s'impose la dramaturgie classique (voir ci-dessous). Le traitement même des passions, lieux de désordre et d'excès, s'inscrit dans une mise en discours rigoureuse qui les déploie suivant un ordre cohérent : ainsi, les revirements de Néron sont le résultat d'une série de discours de persuasion (d'Agrippine à la scène 1 de l'acte IV ; de Burrhus à la scène 3 de l'acte IV ; de Narcisse à la scène 4 de l'acte IV), élaborés suivant le modèle de la plaidoirie judiciaire[1]. Une pièce classique reste une pièce réglée, jusques et y compris dans les moments de tension extrême, de fureurs et de débordements. La nature des comportements humains est représentée (ou imitée) dans la tragédie selon les canons de la vraisemblance et de la bienséance, notions fondamentales de l'art classique, qu'il importe de préciser ici.

---

1. *Plaidoirie judiciaire :* défense de type judiciaire. Dans un procès, la plaidoirie est l'exposition orale (généralement par l'avocat) des faits et des visées de chaque partie en présence. On désigne plus généralement par ce terme une défense orale ou écrite. En rhétorique, la plaidoirie judiciaire est une sous-catégorie du discours de persuasion.

BRITANNICUS ET LES RÈGLES DE LA DRAMATURGIE CLASSIQUE

L'imitation réglée de la nature : bienséances et vraisemblance dans Britannicus

La raison commande à l'art d'imiter la nature : c'est la théorie aristoté-licienne de la *mimesis* (ou « représentation », « imitation »). Notion complexe, la *mimesis* ne désigne pas l'imitation littérale de la réalité, puisque cette même réalité extérieure est caractérisée par le désordre et l'arbitraire. Un art d'imitation n'est donc pas un art qui tenterait de recopier la réalité telle quelle. Il se définit au contraire par la recherche constante de l'ordre, de l'harmonie et de l'équilibre, car la nature est création divine.

La théorie de l'imitation débouche donc, paradoxalement, sur une esthé-tique extrêmement idéalisée. Faire de l'art, c'est reproduire une nature reconstruite par la raison. L'art doit plaire, mais plaire à l'entendement autant qu'aux sens, car ce qui plaît dans l'art est le sentiment provoqué par l'expression vraie, juste, idéale, de la nature. La volonté d'imiter la nature, exigence primordiale des théoriciens et artistes classiques, s'est traduite par l'élaboration et l'application de deux notions capitales : la bienséance et la vraisemblance.

• Les bienséances dans *Britannicus*

La bienséance (qui désigne, littéralement, « ce qui convient », « ce qui est convenable ») oblige l'artiste à un double travail : il doit réaliser un accord harmonieux entre les diverses parties d'une œuvre ainsi qu'entre chaque partie et le tout d'une part : on parle alors de bienséance interne. Il doit rester en harmonie avec le public dont il ne faut choquer ni la raison, ni le goût, ni la morale d'autre part : on parle alors de bienséance externe.

Les règles de bienséance expliquent de nombreux aspects de *Britannicus*. C'est pour les respecter que la pièce se donne pour visée l'enseignement moral (que l'on appelle aussi « édification morale ») et respecte la hiérar-chie des rangs sociaux. C'est également en son nom qu'elle relègue la violence dans le hors-scène, et recherche systématiquement l'expres-sion du bon goût.

Une tragédie ne peut glorifier le vice : elle doit contribuer à l'édification morale, c'est-à-dire inciter le spectateur à la vertu. Si l'histoire romaine est riche en personnages immoraux, s'il est impossible de montrer Néron, Agrippine ou Narcisse autrement que selon leur véritable nature, qui est mauvaise, Racine doit leur trouver un contrepoids et l'intégrer au fonctionnement de l'action : Britannicus, Junie et Burrhus incarnent ainsi les principes d'une morale vertueuse. Certes, Racine a trouvé le personnage de Britannicus dans l'œuvre de Tacite, mais il n'a pas hésité à amplifier le rôle de Burrhus (auquel Tacite fait à peine allusion), et à inventer de toutes pièces une amante vertueuse pour Britannicus : Junie est constante, pure. Elle est sans doute le personnage le plus clairvoyant de la pièce, et sa retraite chez les vestales fait d'elle l'équivalent d'une sainte qui se retire hors du monde. Plus qu'à respecter la vérité historique, Racine devait être attentif à donner au public des modèles de vertu, en comparaison desquels les mauvais agissements des autres protagonistes apparaissent plus odieux encore au public.

Si les vices et les vertus sont représentés, ils doivent correspondre au personnage qui les exerce, en fonction de sa condition sociale, de son sexe, de son âge : la bienséance est également sociale. Ainsi, il existe toute une échelle des vices chez les personnages mauvais de *Britannicus*. Avec l'empereur Néron tout d'abord, Racine choisit de montrer le « monstre naissant », qui commet sur la personne de Britannicus, un parent qui n'est pas son vrai frère, un crime mi-politique, mi-passionné. Bien plus odieux eût été le spectacle de Néron faisant assassiner sa mère, contre toutes les lois de la nature. Dans sa première Préface, Racine précise qu'il est déjà suffisamment cruel « pour empêcher que personne ne le méconnaisse [1] ».

Quant au personnage d'Agrippine, « fille, femme, sœur et mère » de souverains (voir, dans la scène 2 de l'acte I, le vers 156), elle affiche à tout moment sa noblesse et son autorité, et ne commet pas réellement de forfait durant l'action. Lorsque Racine évoque ses crimes, il en place le récit dans sa bouche même, à la scène 1 de l'acte IV, la laissant plaider sa cause avec grandeur. C'est Narcisse, l'esclave affranchi, qui est le vrai misérable. Traître à tout moment, ambitieux, il avoue lui-même son machiavélisme. C'est à ce personnage que Racine réserve d'ailleurs la fin la plus atroce, une mort sans noblesse : dans la scène 8 de l'acte V, il est massacré par la foule (voir le vers 1751). La bienséance sociale impose

---

1. Racine, première Préface à *Britannicus*, p. 10.

donc une stricte répartition des crimes et des châtiments : plus on est haut placé dans l'échelle sociale, plus les fautes commises sont empreintes de grandeur, et moins leur punition est ignominieuse.

La laideur, la violence physique, l'impudeur ne peuvent être représentées. Les crimes n'ont plus lieu sur scène : ils sont racontés par l'un des personnages ; leur représentation est donc indirecte. Tandis que la tragédie baroque ne reculait devant la représentation d'aucun effet sanglant sur la scène (tortures, viols, assassinats), l'esthétique classique bannit la violence visuelle et jusqu'à sa transcription dans le discours lui-même. Le récit de la mort d'un personnage est un morceau de bravoure de la tragédie classique. Dans *Britannicus*, l'épisode de l'enlèvement brutal de Junie, les différentes étapes du dénouement ne sont pas montrés sur scène mais ils sont confiés à des récits. L'empoisonnement de Britannicus est narré par Burrhus, la fuite de Junie, la mort de Narcisse et le désespoir de Néron sont rapportés par Albine. Dans cette manière de contenir l'action dans le langage au lieu de la représenter sur scène de manière frontale, il ne faut pas voir qu'une censure pudique : le discours dramatique est lui-même porteur d'action, d'images, d'émotions (la terreur et la pitié). Le récit, chez Racine, suggère non seulement la violence des actes mais leur portée réelle au sein de l'action, en préservant le spectateur de tout choc visuel.

Le « bon goût » ne peut être choqué. Les moyens artistiques (langage, jeu d'acteur, etc.) doivent correspondre aux exigences esthétiques d'un public de cour. Dans la tragédie, le choix de sujets élevés et de personnages royaux implique une langue et un jeu d'acteur adéquats. La parole publique, à la Cour, était extrêmement codifiée : le sermon[1], la plaidoirie[2] ou la tirade tragique répondent aux mêmes critères esthétiques. Dans la pièce de Racine, comme dans toutes les tragédies classiques, l'expression est sublimée. La langue de Racine, non seulement soutenue mais d'une véritable teneur poétique, en est une manifestation exemplaire. Dans *Britannicus*, lorsque, dans la scène 3 de l'acte II, Néron déclare sa flamme à Junie, il utilise un langage amoureux orné et galant : alors même qu'il vient de l'enlever de la manière la plus brutale, alors même qu'il exerce brutalement son autorité, il prononce des vers tels

---

1. *Sermon* : discours prononcé en chaire par un prédicateur (en particulier, catholique).
\ 2. *Plaidoirie* : défense de type judiciaire.

que ceux-ci, dans lesquels la violence des événements disparaît derrière des abstractions galantes :

> Songez-y donc, Madame, et pesez en vous-même
> Ce choix digne des soins d'un prince qui vous aime,
> Digne de vos beaux yeux trop longtemps captivés,
> *Digne de l'univers à qui vous vous devez* (vers 599-602).

Ce n'est pas Junie qui se doit à l'univers, c'est Néron qui a décidé qu'elle se devait à lui et qui dissimule derrière cette image galante la brutalité de son désir. Mais le recours à la métaphore galante enrichit l'expression et contribue à donner une épaisseur psychologique supplémentaire au personnage de Néron, tout à la fois capable de la plus extrême brutalité et du plus extrême raffinement.

• La vraisemblance dans *Britannicus*

La théorie de la *mimesis* exigeait aussi la vraisemblance. Un sujet tragique se doit d'être crédible, pour que le public puisse y trouver plaisir intellectuel et édification morale. Toutefois, le souci de la vraisemblance pouvait entrer en conflit avec la nécessité de représenter des personnages et des situations extraordinaires, destinés à frapper le spectateur. L'Histoire devint alors la matière principale de dramaturges comme Corneille : ses héros historiques étaient assez exceptionnels pour que le caractère extraordinaire de leurs sentiments et de leurs actes soit vraisemblable. Ainsi, dans *Cinna*, il peut paraître invraisemblable qu'un empereur ne prenne pas la décision politique de punir des conspirateurs. Mais la figure impériale d'Auguste devient ainsi vraisemblable sur le plan esthétique : l'empereur est un monarque d'exception, qui fut rangé parmi les dieux. Il est donc capable de manifestations de vertu surhumaines, et à ce titre il prend place parmi les grands hommes dignes d'être représentés. Dans *Cinna*, l'incroyable clémence d'Auguste est justifiée, et donc devient vraisemblable, à la fois de par l'importance de la figure historique que cet empereur représente et de par sa signification politique exemplaire, véritable modèle de comportement que seul un individu exceptionnel pouvait proposer.

Dans *Britannicus*, Racine considère que la vraisemblance est parfaitement respectée, pour la bonne raison qu'il n'a presque rien écrit qu'il n'ait tiré des *Annales* de Tacite, autorité à la fois historique et littéraire. Les détracteurs de la pièce n'ont pas manqué d'y dénoncer des exemples d'invraisemblance. Néron serait trop cruel ou trop bon, Britannicus trop jeune ou trop vieux, Junie trop sage... Ils reprochaient en outre à l'action de se poursuivre après la mort de Britannicus. Racine se justifie en répondant que l'unité d'action impliquait qu'on la tirât jusqu'à ses dernières conséquences. La vraisemblance et les unités sont donc étroitement liées : il faut non seulement que la pièce respecte la réalité historique, mais surtout qu'elle soit cohérente. Et la cohérence est assurée par le respect des unités, dont Boileau (1636-1711), arbitre du « bon goût » et chantre de la doctrine classique, exprime en ces termes l'absolue nécessité, puisqu'il existe un lien entre vraisemblance et unité dramatique :

> Mais nous, que la raison à ses règles engage,
> Nous voulons qu'avec art l'action se ménage ;
> Qu'en un lieu, qu'en un jour, un seul fait accompli
> Tienne jusqu'à la fin le théâtre rempli.
> Jamais au spectateur n'offrez rien d'incroyable :
> Le vrai peut quelquefois n'être pas vraisemblable [1].

Le principal moyen d'atteindre à la vraisemblance réside dans le respect des unités, qu'il convient donc de caractériser.

Le respect des unités dans Britannicus

• L'unité de temps

« L'imitation d'une action » ne peut être complète que si le temps de l'action coïncide le plus possible avec le temps de la représentation. S'il est impossible qu'une action puisse se concentrer sur deux ou trois heures, il paraît raisonnable et vraisemblable qu'elle se déroule entièrement en vingt-quatre heures (Corneille avait réclamé trente-six heures !). Ainsi, une action tragique, pour être contenue dans une journée, ne doit retenir que les événements, actes et sentiments essentiels, d'une portée décisive. Les prémices de l'action doivent être exposées et comprises (exposition), mais l'action elle-même est une crise, violente et rapide, qui se précipite jusqu'à son dénouement.

---

1. Boileau, *Art Poétique*, Chant III, 1674. Vous pourrez relever dans ces vers l'énoncé des règles classiques, la référence à la raison et l'apparente contradiction contenue dans le derniers vers, trois traits typiques de l'Âge classique.

L'action de *Britannicus* s'accomplit dans les limites d'une seule journée. La pièce commence le matin, après que Néron a enlevé Junie pendant la nuit. Elle se termine à la fin du jour : Albine décrivant Néron errant désespéré, craint que « la nuit jointe à la solitude/Vien [ne] de son déses-poir aigrir l'inquiétude » (vers 1759 et 1760). De ce jour décisif, Burrhus souligne l'importance lorsqu'il s'écrie au vers 1702 : « Ah ! Madame, pour moi, j'ai vécu trop *d'un jour.* »

• L'unité de lieu

Cette règle découle de la précédente. Le périmètre de l'action doit être strictement circonscrit, pour que la brièveté de l'action reste dans le cadre de la vraisemblance. Si le théâtre baroque avait privilégié les changements de décor à vue (grâce aux machines), le lieu de la tragédie classique est unique. La conséquence pour la dramaturgie est essentielle : le lieu devient une composante du tragique, puisque cette antichambre d'un palais est l'endroit où se croisent obligatoirement les destins, où les personnages demeurent comme prisonniers les uns des autres et de la scène.

Dans *Britannicus*, le lieu tragique est l'antichambre de Néron. Tous les personnages y passent ou y attendent. À la scène 1 de l'acte I, Agrip-pine veille à la porte de son fils (vers 4). La portée dramatique et poli-tique du lieu est importante : l'antre du pouvoir tyrannique est « derrière la porte » de Néron, l'antichambre est un lieu menacé par ce pouvoir tout proche (Néron se cache même littéralement derrière un voile dans la scène 6 de l'acte II). C'est que l'espace racinien est un lieu terrible. Roland Barthes souligne la portée tragique de l'agencement de l'espace théâtral dans *Britannicus* :

> Il y a d'abord la Chambre : reste de l'antre mythique, c'est le lieu invisible et redoutable : [la] chambre de Néron [...]. Les per-sonnages ne parlent de ce lieu indéfini qu'avec terreur, ils osent à peine y rentrer, ils se croisent devant avec anxiété. Cette Chambre est à la fois logement du Pouvoir et son essence, car le Pouvoir n'est qu'un secret. [...] La Chambre est contiguë au second lieu tragique, qui est l'Anti-Chambre [la scène proprement dite], espace éternel de toutes les sujétions, puisque c'est là qu'on *attend*. [...] Entre la Chambre et l'Anti-Chambre, il y a un objet tragique qui exprime de façon menaçante à la fois la contiguïté et l'échange,

le frôlage du chasseur et de sa proie, c'est la Porte. On y veille, on y tremble ; la franchir est une tentation et une transgression : toute la puissance d'Agrippine se joue à la porte de Néron[1].

• L'unité d'action

L'unité d'action découle des deux premières unités. La vraisemblance exclut en effet qu'en vingt-quatre heures, et en un seul lieu, on assiste à une profusion d'événements. De l'exposition au dénouement, une pièce bien construite doit former un tout cohérent où chaque geste et parole de chaque personnage concourt au même accomplissement tragique. Chaque détail est subordonné à l'ensemble : pas d'intrigues parallèles ni de digression. Au fond, peu importe le nombre de faits rapportés : le tout est qu'ils soient agencés de telle sorte que le déplacement ou la suppression de l'un d'entre eux disloque l'ensemble.

Qu'en est-il de l'unité d'action dans *Britannicus* ? Le problème est de savoir comment Néron en arrive à assassiner Britannicus. Chaque personnage est dépendant de cette action, malgré les (ou à cause des) divergences d'intérêt. Quand Racine affirme que la pièce « n'est pas moins la disgrâce d'Agrippine que la mort de Britannicus », il ne veut donc pas dire qu'il a développé deux actions, mais que la mort de Britannicus est *en même temps* la première étape de la disgrâce d'Agrippine. Celle-ci, clairvoyante, s'inquiète d'ailleurs du mauvais présage que constitue pour elle le premier meurtre ordonné par Néron (voir le vers 1700). C'est enfin la nécessité de présenter une « action complète », dont Racine parle dans sa Préface de 1670, qui l'invite à présenter comme vraisemblable la présence des événements immédiatement consécutifs au meurtre de Britannicus.

---

1. Roland Barthes, *Sur Racine*, Seuil, 1963, p. 10-11.

GROUPEMENT DE TEXTES : LES COMPOSANTES DU TRAGIQUE DANS *BRITANNICUS*

TEXTE 7 • *Britannicus*, acte premier, scène 1

> Quoi ! tandis que Néron [...] Déjà Burrhus sort de chez lui ?

> **VERS 1-128, PAGES 23-29**

Une exposition efficace

■ Rappel

Le caractère indispensable et strictement organisé de l'exposition découle de la concentration de l'action sur une crise limitée dans le temps et dans l'espace : on met en scène un conflit. L'exposition est donc une mise à plat des causes du conflit à venir : évocation du passé, présentation des acteurs du drame, état de la situation.

1. Relevez dans les propos des deux personnages toutes les informations concernant le lieu et le temps de l'action. Quel rôle dramatique jouent ces deux éléments dans l'exposition ?

2. a. Observez comment toutes les informations historiques nécessaires à la compréhension de l'action sont livrées au spectateur. Distinguez celles qui relèvent du récit, et celles qui émergent du dialogue.
b. Quel rôle joue Albine dans ces procédés d'exposition ?
c. Comment se combinent les références au passé, l'évocation du présent et les allusions au futur ?

3. a. Dressez un premier portrait de Néron à partir des informations délivrées dans cette scène. Comment apparaît-il, bien avant son entrée en scène au deuxième acte ?
b. Quel portrait Agrippine fait-elle d'elle-même ?
c. Quelles différences relevez-vous dans les moyens utilisés pour faire le portrait d'un personnage absent et celui d'un personnage présent sur scène ?

TEXTE 8 • *Britannicus*, acte premier, scène 4

> La croirai-je, Narcisse ? [...] plus loin qu'elle ne veut.

> **VERS 305-358, PAGES 36-38**

Britannicus, héros tragique

1. a. Comment se manifestent dans cette scène les différents traits de caractère que Racine prête à Britannicus dans sa Préface ?

b. Par quels moyens Britannicus éveille-t-il, dans cette scène déjà, la compassion (ou la pitié) ? Pour vous aider, vous relèverez le vocabulaire, les métaphores, la syntaxe employés par le personnage.

2. a. Observez la structure du dialogue puis relevez le jeu des questions, des réponses, des exclamations.

b. Étudiez l'attitude de Narcisse : quel rôle semble-t-il remplir auprès de Britannicus ?

3. Vous avez lu la pièce et connaissez la nature véritable et le rôle de Narcisse.

a. Comment le double jeu de Narcisse se manifeste-t-il ?

b. Vous étudierez dans cette scène le fonctionnement de la double énonciation et de la double destination, et tenterez grâce à ces procédés de définir l'ironie tragique (voir p. 152).

TEXTE 9 . *Britannicus*, acte II, scènes 4 à 8

> Britannicus, Seigneur [...] perdons les misérables

> **VERS 687-760, PAGES 54-58**

L'action tragique

■ Rappel

Le stratagème voulu par Néron qui consiste à se cacher et à observer l'entrevue entre Junie et Britannicus pour confondre son rival et le perdre est une situation dramatique extrêmement rare dans une tragédie. On trouve en revanche des situations similaires dans la comédie, par exemple chez Molière, dans *L'École des femmes* (acte III, scène 4) ou dans *Tartuffe* (acte IV, scène 5).

1. Observez l'enchaînement rapide de ces cinq scènes. Comment s'organise leur succession ? Quel effet produit ce rythme ?

2. Comment se manifeste la présence cachée de Néron dans la scène 6 ? Étudiez en particulier les procédés de double énonciation et de double destination dans les propos de Junie.

3. En quoi cet épisode revêt-il une dimension tragique ?

TEXTE 10 • *Britannicus*, acte III, scène 8

Prince, continuez [...] sans tarder davantage.

> VERS 1025-1084, PAGES 73-76

Le nœud de l'action

1. Cette scène est l'unique moment où Néron, Britannicus et Junie se trouvent réunis. Il est alors fatal que le conflit éclate entre les deux rivaux, dont Junie est l'enjeu.

a. Étudiez le mouvement de la scène. Quel est le point culminant de la tension dramatique ? Quels moyens Racine emploie-t-il pour exprimer cette tension ?

b. Vous analyserez l'effet produit par la structure et le rythme du dialogue grâce à la stychomythie en particulier.

2. a. Expliquez l'intervention de Junie : comment est-elle amenée ? En quoi ses propos annoncent-ils le dénouement ?

b. Quelle place cette scène occupe-t-elle dans le développement de l'action ?

TEXTE 11 • *Britannicus*, acte V, scènes 6, 7 et dernière

Dieux ! [...] le dernier de ses crimes !

> VERS 1648-1768, PAGES 106-112

Le dénouement tragique

■ Rappel

Le dénouement se développe sur les trois dernières scènes. L'action est précipitée : mort de Britannicus, retraite de Junie, mort de Narcisse, égarement de Néron. Le genre de la tragédie nécessite ce que l'on nomme une reconnaissance : découverte atroce d'un crime et de l'identité d'un personnage, qui scelle le destin tragique. Dans *Britannicus*, chacun reconnaît désormais en Néron un criminel et un tyran.

1. Dans la scène 6, analysez la malédiction qu'Agrippine lance à son fils Néron (vers 1672-1694) : expliquez pourquoi cette tirade est à la fois une accusation, une malédiction, une prophétie et le moment d'une reconnaissance.

2. La scène dernière accumule les récits des événements qui forment le dénouement. Comment sont-ils organisés ? Expliquez en quoi ce procédé respecte la règle de bienséance.

3. On a reproché à Racine de ne pas avoir clos la pièce sur le seul assassinat de Britannicus. Il se justifie dans sa Préface de 1670 : « [...] la tragédie étant l'imitation d'une action complète, où plusieurs personnes concourent, cette action n'est point finie que l'on ne sache en quelle situation elle laisse ces mêmes personnes. » Expliquez cet argument, en recourant en particulier à la notion d'unité d'action.

VERS L'ÉPREUVE

ARGUMENTER, COMMENTER, RÉDIGER

L'étude de l'argumentation dans l'œuvre intégrale privilégie deux objets :

■ **L'argumentation dans l'œuvre.** Chaque genre littéraire, chaque œuvre intégrale exprime un point de vue sur le monde. Un roman, une pièce de théâtre, un recueil de poésies peuvent défendre des thèses à caractère esthétique, politique, social, philosophique, religieux, etc. Ordonner les épisodes d'une œuvre intégrale, élaborer le système des personnages, recourir à tel ou tel procédé de style, c'est aussi, pour un auteur, se donner les moyens d'imposer un point de vue ou d'en combattre d'autres. Ce premier aspect est étudié dans une présentation synthétique adaptée à la particularité de l'œuvre étudiée.

■ **L'argumentation sur l'œuvre.** Après publication, les oeuvres suscitent des sentiments qui s'expriment dans des lettres, des articles de presse, des ouvrages savants... Chaque réaction exprime donc un point de vue sur l'œuvre, loue ses qualités, blâme ses défauts ou ses excès, éclaire ses enjeux. Une série d'exercices permet d'analyser des réactions publiées à différentes époques, dans lesquelles les lecteurs de l'œuvre, à leur tour, entendent faire partager leurs enthousiasmes, leurs doutes ou leurs réserves.

Quelle vision du monde, quelles valeurs une œuvre véhicule-t-elle, et comment se donne-t-elle les moyens de les diffuser ? Quelles réactions a-t-elle suscitées, et comment les lecteurs successifs ont-ils voulu imposer leurs points de vue ? L'étude de l'argumentation dans l'œuvre et à propos de l'œuvre permet de répondre à cette double série de questions.

L'ARGUMENTATION DANS *BRITANNICUS*

Que voulait dire Racine lorsqu'il écrivait, dans la Préface de 1670 : « Il ne s'agit point dans ma tragédie des affaires du dehors. Néron est ici dans son particulier et dans sa famille [1] » ? Suggérait-il que sa pièce n'était en aucun cas une tragédie politique (« affaires du dehors »), mais un drame psychologique et familial (« en son particulier et dans sa famille ») ?

La portée de *Britannicus* consiste-t-elle essentiellement dans le traitement des passions humaines ? C'est possible. On peut évoquer la violence des sentiments exprimés dans *Britannicus*, la terreur et la pitié suscitées par des caractères monstrueux ou sublimes, par le malheur et la cruauté. Racine donne à voir les abîmes de l'âme humaine universelle, et l'Histoire ne serait alors qu'une toile de fond, un prétexte.

Mais pourquoi, alors, Racine a-t-il choisi un épisode historique si célèbre et si riche en enjeux politiques ? Comment oublier que les hommes évoqués dans *Britannicus* sont aussi empereurs, princes, hommes d'État, et que la famille dont il est question ici règne sur le plus puissant empire de l'Antiquité ?

Britannicus : tragédie des passions ou tragédie politique ? C'est sur ces questions qu'il convient de se pencher maintenant.

BRITANNICUS : UNE TRAGÉDIE PSYCHOLOGIQUE ?

L'amour dans Britannicus

Britannicus, ne l'oublions pas, est aussi une histoire d'amour, qui se joue entre Junie et Britannicus et entre Néron et Junie. On pressent immédiatement l'importance de Junie, entièrement inventée par Racine, et que Lucien Goldmann tient pour le personnage central d'une tragédie janséniste, incarnant le refus radical du monde et du compromis. La critique racinienne a observé de manière unanime que Junie était nécessaire à l'équilibre moral de la pièce. Ainsi, Max Adereth explique :

> Quant à Junie, elle représente la pureté par antithèse aux criminels endurcis qui sont Néron, Agrippine et Narcisse. [...] Burrhus et Britannicus ne suffisaient pas. Ils sont trop étroitement liés à

---

1. Racine, première Préface à *Britannicus*, p. 9.

la politique pour être le symbole de l'innocence, tandis que Junie a été élevée loin d'une cour corruptrice [1].

Roland Barthes va plus loin encore, estimant que Junie « retourne le malheur de Britannicus en grâce et le pouvoir de Néron en impuissance, l'avoir en nullité, et le dénouement en être [2] ». Si Racine invente ce personnage de toutes pièces, c'est que Junie doit remplir une fonction universelle, celle de la femme idéale, d'une « image », comme le dira Néron.

Comment Junie justifie-t-elle son amour pour Britannicus et son refus d'aimer Néron ? Dans la scène 3 de l'acte II, elle rappelle à l'empereur qu'il a et peut tout, mais que « Britannicus est seul » (vers 655). Junie, par sa seule présence, nie la Cour et le pouvoir : hors d'atteinte, elle éveille chez Néron le fantasme d'une possession agressive, lui révélant la brutalité de ses passions, qui le conduiront au meurtre. Pour Britannicus au contraire, Junie est tout : dépossédé d'un règne légitime, il ne peut encore perdre Junie : « Tout ce que j'ai perdu, Madame, est en ces lieux », dit-il à Agrippine au vers 290, quand on enlève Junie. C'est grâce à Junie que l'intrigue de la pièce n'a pas une signification uniquement politique. Sa présence motive la décision prise par Britannicus de renoncer à l'Empire, et c'est elle qui pousse Néron à quitter la vertu attachée à sa condition.

Le tragique des passions [3]

Les passions, au XVIIe siècle, sont généralement considérées comme anti-naturelles. Reprenant les conceptions du stoïcisme antique, qui qualifiait les passions de perturbations et troubles de l'esprit, les théoriciens classiques sont sensibles à la notion de désordre, de mise en danger de l'ordre naturel. Senault, prêtre de l'Oratoire et maître de Malebranche, estime que la passion est un mouvement violent qui modifie « de façon extraordinaire [4] » les aspects du corps. Cette conception morale des passions est fortement influencée par la théologie chrétienne, et notamment

---

1. Max Adereth, « Introduction à Jean Racine », *Britannicus*, Éditions sociales, Paris, 1970, p. 93. \ 2. Roland Barthes, *Sur Racine*, Seuil, 1963, p. 93. \ 3. *Le tragique des passions* : au XVIIe siècle, on ne parle guère de la passion au singulier pour qualifier un amour violent. Les passions sont des sentiments qui affectent l'individu physiquement : amour, mais aussi haine, colère, tristesse, jalousie, etc. \ 4. Senault, *De l'usage des passions*, 1638.

par la conception pessimiste de la nature humaine qui s'exprime à Port-Royal et chez Pascal en particulier.

Ainsi, des personnages comme Agrippine ou Néron sont tout entiers mûs par leurs passions, et liés entre eux par une hérédité tragique. Néron naît à sa nature de monstre précisément au moment où il quitte le chemin de l'ordre naturel, qui était indiqué par Burrhus : suivre la voie de la nature, d'un point de vue moral, signifie pour un prince se montrer vertueux et juste. Son hérédité naturelle serait celle des descendants d'Auguste. Mais dans les veines de Néron, ce n'est juste-ment pas le sang d'Auguste qui coule mais celui d'Agrippine. Britan-nicus, lui, obéit tout entier à l'ordre naturel : légitime, vertueux, pur et innocent, il est par là même la victime désignée de la tragédie. La tragédie fait donc surgir dans l'ordre naturel (qui est aussi un ordre considéré comme moral) des forces dénaturées incarnées par Néron, Agrippine et Narcisse, soumis à leurs passions qui sont génératrices des conflits représentés.

Des sentiments dénaturés

Agrippine et Néron sont unis par une relation passionnelle : Agrippine ne peut se résoudre à perdre son empire sur son fils. Le fait que Néron soit empereur ne vient qu'amplifier un désir maternel de possession inconditionnelle. Quant à Néron, désireux de s'affranchir de cette tutelle, il est en proie à la mauvaise conscience : incapable d'affronter sa mère, il préfère la fuir de peur de retomber sous son emprise. *Britannicus* raconte les ruses de Néron pour s'émanciper de la tutelle maternelle, ce qu'il devra mettre en œuvre pour parvenir à ses fins, et les conséquences que ses intrigues auront sur les personnages qui gravitent autour de lui. En cristallisant l'agression sur Britannicus, protégé d'Agrippine, Néron apporte la preuve de son indépendance. C'est bien le premier pas vers une disgrâce d'Agrippine, qui conduira au matricide.

Le lien maternel est établi, dit-on, par la nature. Or, Racine suggère, sans le montrer sur la scène pour des raisons de bienséance, que ce lien s'est proprement dénaturé. En effet, Agrippine et Néron sont coupables des deux plus grands crimes qui puissent offenser la nature : l'inceste (attesté par les historiens romains) et le matricide. Il faut revenir donc à la concep-tion que Racine se fait de la nature. On a parlé d'un naturalisme de Racine, au sens où ses tragédies ne se réfèrent pas au système de valeurs supérieures qui fondaient par exemple l'héroïsme cornélien, mais mettent en valeur l'importance des instincts (des pulsions, dirions-nous depuis Freud) enfouis au plus profond de la nature humaine, et qui cherchent à se manifester à tout prix.

BRITANNICUS : UNE TRAGÉDIE POLITIQUE ?

Une défense des valeurs monarchiques

Dans l'art poétique classique, l'imitation devait s'accompagner d'émulation [1] (*aemulatio*) ; Racine, en imitant Tacite, se devait aussi de prendre place dans son propre siècle. En cela, il n'y a pas d'innocence de sa part à choisir comme sujet de sa tragédie le premier meurtre de Néron. Les problèmes politiques soulevés par cet épisode sont en effet nombreux.

La disparition de Britannicus soulève un problème de légitimité : le conflit entre Britannicus et Néron a été causé par la concurrence entre deux types de droit successivement admis, d'une part celui de l'hérédité (fondé par le sang du divin Auguste), d'autre part celui du droit d'adoption, qui fait de Néron le fils de l'empereur Claude (qui descend d'Auguste). L'évolution de Néron dans sa manière d'exercer le pouvoir pose le problème de l'éducation des monarques : le choix des éducateurs est décisif (Agrippine le rappelle dans sa tirade, à la scène 2 de l'acte IV). Burrhus et Narcisse incarnent de manière exemplaire les deux voies que peut prendre la conduite du prince, dont les conséquences politiques sont inestimables. La brutalité avec laquelle Néron opère le passage de la vertu au vice pose le problème de la nature du monarque. On le voit dans *Britannicus* : si l'éducation est décisive, elle ne fait paradoxalement qu'actualiser le caractère du prince (celle de Narcisse a réussi *parce que* Néron était un monstre, il n'a fait que l'accoucher). Pour employer, comme Roland Barthes [2], un terme chimique, l'éducation n'est donc qu'un révélateur. Enfin, les décisions prises par Néron manifestent la menace toujours possible de la tyrannie, puisqu'elle est potentiellement incluse

---

1. *Émulation* : c'est, à l'âge classique, l'effet de stimulation exercé par un auteur ancien sur un écrivain qui cherche alors à l'imiter, et l'incite non seulement à se montrer digne de son modèle, mais éventuellement à tenter de le surpasser. \ **2.** Voir le groupement de textes « Jugements critiques », texte 18, p. 179.

dans l'absolutisme impérial ; c'est le modèle aristotélicien de la perversion du régime, dont les causes sont précisément ici la nature et l'éducation du monarque. Tels sont les enjeux politiques essentiels qui parcourent et structurent *Britannicus*.

Pourquoi Racine choisit-il de représenter ces enjeux en 1669, pour (et bientôt devant) le roi Louis XIV, monarque absolu par excellence ? La question pricipale qu'il explore est celle de la légitimité impériale : on l'a vu, le roi de France descend symboliquement d'Auguste. C'est du côté d'Auguste que se trouvent la vertu et l'héroïsme, incarnés par ses descendants, Junie et Britannicus. C'est précisément parce que l'hérédité royale en France ne repose que sur le sang [1] que la pièce insiste autant sur la perversité du droit d'adoption. À plusieurs reprises, Agrippine rappelle l'hérédité de Néron : en lui coule le sang des Domitius (fiers, tristes, sauvages) et des Nérons (la famille d'Agrippine). S'il y a un déterminisme du sang (un déterminisme génétique, dirions-nous aujourd'hui), alors la tyrannie fait partie de la nature de Néron comme la justice fait partie de celle de Britannicus.

Dès lors, *Britannicus* suggère que la tyrannie était possible à Rome à cause de la confusion des droits successifs et de l'impureté du sang. En France au contraire, le sang royal est pur, et génétiquement vertueux [2]. On le voit, la pièce peut se lire comme un manifeste en faveur de la légitimité héréditaire : en privilégiant la pureté du sang, on règle du même coup la question de la nature et de l'éducation du monarque (puisque seul un être pur peut accéder au trône). Racine établit ainsi la supériorité de la monarchie française sur l'Empire romain [3].

Une politique tragique : la passion de dominer

L'Histoire (et l'histoire romaine racontée par Tacite surtout) offre une multitude d'exemples d'hommes et de femmes vicieux et cruels, avides de pouvoir et assez habiles pour y parvenir. Or la légitimité dynastique française vient précisément neutraliser la passion de dominer (la *libido*

---

1. *Sur le sang :* la loi salique donne la succession à l'aîné des enfants mâles du roi. Non seulement l'adoption est impossible, mais les mères sont exclues : mauvais point pour Agrippine, par qui Néron pouvait prétendre à une lointaine ascendance augustéenne. \ **2.** Voir la mythologie de l'ascendance royale dans « Contexte idéologique », p. 128. \ **3.** C'est en particulier la position de Volker Schröder, dans son ouvrage sur *La Tragédie du sang d'Auguste. Politique et intertextualité dans* Britannicus, GNV, 1999.

dominandi des Antiques). Tandis qu'un bon prince règne pour le bien commun et ne s'appartient pas, le tyran veut le pouvoir pour lui-même et pour en jouir, donc pour en abuser. Il n'y a pas d'exposé plus explicite de la tyrannie fondée sur la passion de dominer que dans les discours que Narcisse adresse à Néron. Il n'y a pas d'exemple plus éclatant de politique passionnelle que le récit d'Agrippine de ses propres exploits[1] : Néron et Agrippine sont de parfaits repoussoirs, d'authentiques contre-modèles : ils incarnent tous les dangers et toutes les horreurs auxquels la monarchie française, fondée sur une autre logique de succession, est censée avoir échappé.

De Platon à Machiavel, de Hobbes à Voltaire, de Nietzsche à Freud, de nombreux philosophes ont vu dans la passion de dominer à la fois un trait essentiel de la nature humaine et la source secrète du politique[2]. C'est par cette double fatalité des passions humaines et du caractère passionnel de la volonté de dominer que la politique revêt une dimension tragique. Car, dans *Britannicus*, les personnages sont tout entiers déterminés par leur double rapport à la passion et au pouvoir. Chacun à leur manière, Néron, Agrippine et Narcisse sont esclaves de leur passion de dominer : pour s'affranchir et régner, Néron se révèle comme un monstre, Agrippine est dépossédée de sa puissance et s'exposera bientôt à la main parricide de son fils, et Narcisse, lui, s'est avili en choisissant l'ombre de la tyrannie, et sera abattu en pleine lumière par Rome elle-même. Les personnages vertueux sont par là même désignés comme victimes : Britannicus ne peut être protégé par sa légitimité, il est au contraire exposé par elle à la solitude, à la trahison et à la mort. Burrhus, mémoire vivante du chemin vertueux qu'aurait pu prendre Néron, sera nécessairement assassiné par le tyran. Seule Junie pourra s'abstraire de l'espace tragique, en se retirant simplement du monde, en choisissant Dieu, la vertu, l'ascèse : elle s'arrache à la mécanique des passions par un geste radical. En même temps, elle se retire du monde et refuse d'y tenir le moindre rôle politique.

---

1. *De ses propres exploits* : y compris dans leur dimension sexuelle ; Agrippine mentionne maintes fois « le lit » dans sa tirade de la scène 2 de l'acte IV. \ 2. Voir à ce sujet *Les Passions*, textes choisis & présentation par M. Korichi, Flammarion, coll. « Corpus », 2000, et en particulier le chapitre 6, « La politique des passions ».

BILAN

La lecture psychologique et la lecture politique de *Britannicus* se complètent. Le naturalisme pessimiste de Racine exige que la tragédie soit tragédie des passions déployées dans l'espace du monde. Et la politique participe de manière exemplaire du tragique des passions, puisqu'elle est elle aussi passion, passion de dominer, pulsion agressive dans un monde de « fauves » prédateurs. Le monde vit sous le regard d'un Dieu caché qui ne se manifeste plus. Cette présence-absence de Dieu autorise l'héroïsme tragique : se dresser contre l'ordre du monde, c'est aller vers une mort certaine, réelle comme celle de Britannicus, victime innocente, ou symbolique comme celle de Junie, qui se retire pour toujours de la vie en société. Mais la réflexion politique vient équilibrer cette évocation d'une nature humaine radicalement mauvaise : *Britannicus* dessine en creux un authentique idéal monarchique. Si Pascal mettait l'accent sur la misère existentielle du prince, Racine souscrit sans réserve à la reconnaissance de la majesté royale. Hors du monde tragique, en creux, Racine affirme dans *Britannicus* la légitimité politique, morale et naturelle d'un Auguste, et de son roi.

GROUPEMENT DE TEXTES : JUGEMENTS CRITIQUES

Les jugements et réflexions réunis ici donnent une idée des enjeux importants de la pièce. Formulées suivant des époques et des angles d'analyse divers, ces interprétations suggèrent la richesse des sens possibles de *Britannicus*. Vous lirez attentivement ces textes et répondrez aux questions correspondantes.

TEXTE 12 • Edme Boursault, *Artémise et Poliante* (1670)

L'écrivain Boursault a assisté à la création de *Britannicus*. Il en fait un récit satirique dans les premières pages d'une nouvelle intitulée *Artémise et Poliante*. On a coutume de penser que Racine fut victime d'une cabale. Mais il faut prendre au sérieux la critique de Boursault, qui se fait l'écho d'un jugement assez général, jusqu'au succès survenu cinq ans plus tard seulement, à la Cour. Ce texte éclaire les causes de la perplexité des contemporains de Racine.

Des connaisseurs auprès de qui j'étais *incognito*, et de qui j'écoutais les sentiments, en trouvèrent les vers fort épurés. Mais Agrippine leur parut fière sans sujet, Burrhus vertueux sans dessein, Britannicus amoureux sans jugement, Narcisse lâche sans prétexte,
5 Junie constante sans fermeté, et Néron cruel sans malice. (…) Le premier acte promet quelque chose de fort beau, et le second même ne le dément pas ; mais au troisième, il semble que l'auteur se soit lassé de travailler ; et le quatrième, qui contient une partie de l'histoire romaine, et qui, par conséquent, n'apprend rien qu'on
10 ne puisse voir dans *Florus* et dans *Coëffeteau*,[1] ne laisserait pas de faire oublier qu'on s'est ennuyé au précédent, si dans le cinquième la façon dont Britannicus est empoisonné, et celle dont Junie se rend vestale, ne faisaient pitié.

1. a. Reprenez les qualifications attribuées à chaque personnage et essayez d'expliquer la sévérité de ce jugement.
b. Trouvez dans la pièce les arguments qui pourraient nuancer ou contredire cette analyse des personnages.

2. a. Résumez la manière dont Boursault critique la structure de la pièce.
b. Quels types d'arguments emploie-t-il ? Sont-ils rigoureux ? Qu'est-ce qui, selon lui, est important dans une tragédie ?

TEXTE 13 • Saint-Évremond, *Lettre à M. de Lionne* (1670)

L'écrivain Saint-Évremond (1614-1703) passe pour l'un des beaux esprits de son temps. Auteur de plus de deux cents lettres et de nombreux essais, il apparaît comme une sorte de critique littéraire qui, sans jamais être un partisan borné, se réclame du classicisme le plus épuré. Fidèle au dernier Corneille contre le jeune Racine, il s'exprime en ces termes au sujet de *Britannicus* :

Passons au sentiment que vous me demandez de *Britannicus*. Je l'ai lu avec assez d'attention pour y remarquer de belles choses. Il passe, à mon sens, l'*Alexandre* et l'*Andromaque* : les vers en sont plus magnifiques ; et je ne serais pas étonné qu'on y trouvât du
5 sublime. Cependant je déplore le malheur de cet auteur d'avoir si

---

1. *Florus et Coëffeteau* : ouvrages d'histoire romaine à la mode.

dignement travaillé sur un sujet qui ne peut souffrir une représentation agréable. En effet, l'idée de Narcisse, d'Agrippine et de Néron ; l'idée, dis-je, si noire et si horrible qu'on se fait de leurs crimes, ne saurait s'effacer de la mémoire du spectateur ; et quelques efforts qu'il fasse pour se défaire de la pensée de leurs cruautés, l'horreur qu'il s'en forme détruit en quelque manière la pièce[1].

1. Relevez les qualités que Saint-Évremond reconnaît à la pièce. Qu'entend-il par le terme « sublime » ?

2. Reformulez le reproche essentiel adressé à Racine. Quels sont les principes esthétiques qui sous-tendent un tel jugement ?

TEXTE 14 • **Voltaire, *Commentaires sur Corneille* (1764)**

Voltaire (1694-1778), lui-même auteur de tragédies, a consacré une vaste étude au théâtre de Corneille. Au détour d'une comparaison, il s'exprime sur *Britannicus* en des termes qui, s'ils n'ont rien d'original, donnent une idée assez juste de ce qu'était devenue la réception de la pièce après presque un siècle d'un succès non démenti.

Cette estimable pièce [*Britannicus*] était tombée parce qu'elle avait paru un peu froide [...] Ce n'est qu'avec le temps que les connaisseurs firent revenir le public. On vit que cette pièce était la peinture fidèle de la cour de Néron. On admira enfin toute l'énergie de Tacite exprimée dans des vers dignes de Virgile. On comprit que Britannicus et Junie ne pouvaient pas avoir un autre caractère. On démêla dans Agrippine des beautés vraies, et qui ne surprennent point le parterre par des déclarations ampoulées. Le développement du caractère de Néron fut enfin regardé comme un chef-d'œuvre. On convint que le rôle de Burrhus est admirable d'un bout à l'autre, et qu'il n'y a rien de ce genre dans toute l'Antiquité. *Britannicus* fut la pièce des connaisseurs, qui conviennent des défauts, et qui apprécient les beautés.

1. Que veut dire Voltaire par l'expression « un peu froide » ?

---

1. Saint-Évremond, *Lettres*, 1670.

2. a. Quelles raisons les connaisseurs ont-ils trouvées pour faire revenir le public ?

b. De quelle manière Voltaire s'y prend-il pour louer la pièce ?

TEXTE 15 • Victor Hugo, *Préface de Cromwell* (1827)

Homme de théâtre, champion du romantisme, de la liberté et de l'émotion forte au théâtre, Victor Hugo déplore les contraintes classiques (comme la bienséance) au siècle de Racine.

> Si Racine n'eût pas été paralysé comme il l'était par les préjugés de son siècle, s'il eût été moins souvent touché par la torpille classique, il n'eût point manqué de jeter Locuste [1] dans le drame, entre Narcisse et Néron, et surtout n'eût pas relégué dans les
> 5 coulisses cette admirable scène du banquet, où l'élève de Sénèque empoisonne Britannicus dans la coupe de la réconciliation.

1. Qu'est-ce qui fait dire à Hugo que Racine pouvait être « paralysé » par les règles classiques ? Justifiez l'emploi de ce terme. À quoi Hugo fait-il allusion ici ?

2. Quel effet Hugo vise-t-il en imaginant l'introduction dans la pièce du personnage de l'empoisonneuse et de la scène du banquet ? Qu'est-ce qui est important au théâtre selon lui ?

TEXTE 16 • Gustave Lanson, *Histoire de la littérature française* (1895)

Vers la fin du XIXe siècle, le critique universitaire Gustave Lanson (1857-1934) met au premier plan la dimension historique de la pièce.

> Il [Racine] écrivait *Britannicus*, le plus saisissant tableau qu'on ait tracé de la Rome impériale : il l'écrivait en pur artiste, sans idée ni intention de politique, attaché seulement à bien rendre la sombre couleur de Tacite. Là, comme dans *Mithridate*, il en use
> 5 librement avec ses auteurs, pour le détail des faits et pour la composition psychologique des caractères individuels : mais Plutarque et Tacite ont très fortement enfoncé dans son âme la vision d'une

---

1. *Locuste* : célèbre empoisonneuse, qui avait déjà, sur ordre d'Agrippine, servi à Claude des champignons mortels.

Asie barbare [dans *Mithridate*] ou d'une Rome corrompue, qui se déploie par-dessus la mécanique abstraite des forces morales.

1. Quel est, selon Gustave Lanson, le rapport entre Racine et ses sources historiques (Plutarque, et surtout Tacite) ?

2. a. Comment comprenez-vous le jugement de Lanson relatif aux intentions de Racine « en pur artiste, sans idée ni intention de politique » ? Que sous-entend Lanson à propos de Racine ?

b. Quel rapport peut-on établir entre ce jugement et la suite du texte ?

TEXTE 17 • Raymond Picard, *Introduction à* Britannicus (1950)

in Racine, *Œuvres complètes*, tome I, Gallimard coll. « Bibliothèque de la Pléiade » (édition de Raymond Picard).

La critique littéraire, depuis les années cinquante, s'est beaucoup attachée à l'importance de la rhétorique (les formes et les effets du discours), et à la puissance de la parole tragique. Raymond Picard, spécialiste de Racine, s'intéresse à la « valeur d'action des discours » :

> *Britannicus* contient, sous la forme la plus concentrée, deux revirements successifs, qui sont parmi les plus dramatiques de tout le théâtre de Racine : Burrhus et Narcisse, tour à tour, font faire à
> 5 Néron une complète volte-face morale ; et le spectateur suit, haletant, les progrès de leurs rhétoriques antagonistes. La valeur d'action des discours, qui sont destinés à influencer Néron, aussi bien que la pompe romaine, fait que *Britannicus* est une des tragédies les plus oratoires. L'ironie étant la forme privilégiée de l'agression,
> 10 c'est aussi dans cette tragédie qu'on en trouvera le plus d'exemples. Le drame brutal et monstrueux est en grande partie une suite de plaidoiries, ordonnées comme le veut l'École. C'est là peut-être ce qui a fait dire - et par Racine lui-même - en un temps où la technique du discours était spécialement estimée, que *Britannicus* était la pièce des connaisseurs [1].

1. a. Rappelez ce qu'est l'ironie tragique [2]. Donner quelques exemples dans la pièce. **b.** Analysez pour chaque passage choisi le rôle de l'ironie dans l'action.

---

1. *Connaisseurs* : sur cette expression, voir le début de la deuxième Préface de Racine, p. 15.
\ **2.** *Ironie tragique* : voir « *Britannicus*, une œuvre théâtrale », p. 151.

2. a. Quels arguments peut-on avancer en faveur de la thèse de Raymond Picard selon laquelle la pièce serait une suite de plaidoiries[1] ?

b. Choisissez dans la pièce, chez Burrhus ou Narcisse par exemple, une tirade qui soit en forme de plaidoirie (défense de type judiciaire[2]) et commentez-la (structure de l'argumentation, effet de persuasion sur l'interlocuteur).

TEXTE 18 • Roland Barthes, *Sur Racine* (1963)

Éditions du Seuil, coll. «Pierre vives»; coll. «Points Essais», 1979.

Le court ouvrage de Roland Barthes sur Racine a représenté une étape décisive dans l'interprétation de la tragédie racinienne. À propos de *Britannicus*, Barthes analyse en particulier le «problème néronien».

Néron est l'homme de l'alternative; deux voies s'ouvrent devant lui : se faire aimer ou se faire craindre, le Bien ou le Mal. Le dilemme saisit Néron dans son entier : son temps (veut-il accepter ou rejeter son passé ?) et son espace (aura-t-il un «particulier[3]»
5 opposé à sa vie publique ?). On voit que la journée tragique est ici véritablement active : elle va séparer le Bien du Mal, elle a la solennité d'une expérience chimique - ou d'un acte démiurgique[4] : l'ombre va se distinguer de la lumière; comme un colorant tout d'un coup empourpre ou assombrit la substance-témoin qu'il
10 touche, dans Néron, le Mal va se fixer. Et plus encore que sa direction, c'est ce virement même qui est ici important : *Britannicus* est la représentation d'un acte, non d'un effet. L'accent est mis sur un *faire* véritable : *Néron se fait, Britannicus* est une naissance. Sans doute c'est la naissance d'un monstre; mais ce monstre va vivre et
15 c'est peut-être pour vivre qu'il se fait monstre.

1. Reformulez la thèse globale de Barthes.

2. Quel rôle joue la référence à l'expérience chimique dans l'argumentation ?

---

1. *Plaidoirie :* action de plaider, défense orale ou écrite rappelant celle de la plaidoirie en justice. \ **2.** *Défense de type judiciaire :* discours structuré selon les règles du plaidoyer de type judiciaire (voir, note 1, p. 186) \ **3.** *Particulier :* sens de vie privée. Allusion à l'expression de Racine dans sa Préface de 1670 : «Néron est ici dans son particulier», p. 9. \ **4.** *Démiurge :* dieu créateur du monde.

3. Quelle conception du tragique se dégage ici de l'interprétation de Barthes ?

TEXTE 19 • **Jean-Pierre Miquel, *Sur la tragédie* (1988)**

Actes Sud

Jean-Pierre Miquel est metteur en scène. Il a monté *Britannicus* à la Comédie-Française en 1978. Il affirme une position tranchée :

> Enfin, je tiens que *Britannicus* n'est pas une tragédie, la place de la transcendance et du destin incontrôlable étant nulle ; par contre, les éléments contingents y jouent un très grand rôle. Si ce n'est pas une tragédie, dans l'optique du XVIIᵉ siècle, c'est un drame
> 5 politique.
> Car où est la passion dans *Britannicus* ? En dehors de la passion politique, de la passion du pouvoir, je n'en vois sincèrement pas. L'amour de Néron pour Junie ? Faux et impossible dans le déroulement dramatique. C'est une stratégie.
> 10 L'amour de Junie et de Britannicus ? Probable et même certain, mais né d'une alliance à caractère politique – l'amour est venu après, pour conforter un projet commun : la reconquête du pouvoir.

1. Reformulez la thèse globale défendue ici par le metteur en scène.

2. Identifiez dans cet extrait les différents moyens utilisés au service de cette thèse : le style employé, le choix du registre de langue, la manière dont sont convoquées les références à la pièce, etc. Quels effets ont-ils pour l'argumentation ?

3. Quelles conséquences cette position peut-elle avoir pour une mise en scène ? Argumentez votre réponse.

TEXTE 20 • **Volker Schröder, *La Tragédie du sang d'Auguste. Politique et intertextualité dans* Britannicus (1999)**

Tübingen : 2ᵉ tirage 2004, p. 44 ; Gunter Narr Verlag Tübingen.

L'universitaire Volker Schröder s'est intéressé à la portée historique, politique et idéologique de la pièce de Racine. Après avoir étudié les pané-

---

1. *Panégyrique* : discours, oral ou écrit, à la louange d'une personne illustre, d'une cité ou d'une nation.

gyriques[1] royaux de l'époque de Louis XIV, qui louaient autant l'homme que le prince, il analyse dans la personne de Néron la contradiction et la confusion, propres à la tyrannie, qui existent entre les passions individuelles et le pouvoir d'État.

Tandis que Louis XIV, « grand prince », est de surcroît « le plus parfait de tous les hommes », Néron, bien que provisoirement « bon empereur », est depuis toujours « un très méchant homme[1] ». Entre l'extérieur et l'intérieur, il y a, non pas harmonieuse continuité, mais contradiction : les « affaires du dehors »
5 produisent une image trompeuse, parce que la cruelle vérité de Néron, tel un incendie, couve encore « dans son particulier », et ne s'est pas encore *déclarée* aux yeux de tous : « il n'a pas encore mis le feu à Rome[2] ». Mise à nu du « monstre naissant », la tragédie
10 ne peut se contenter de la fallacieuse façade officielle, elle doit pénétrer dans l'intimité de l'empereur pour atteindre au cœur secret de la tyrannie. Ainsi, quoiqu'il ne s'agisse point des « affaires du dehors[3] », il s'agit bien du destin de l'Empire. [...] Dans *Britannicus*, le statut public de Néron et l'enjeu collectif de
15 l'action sont constamment présents, de la première à la dernière scène : au comble même de l'émotion tragique, Burrhus vient nous rappeler qu'il convient de « pleurer Britannicus, César et tout l'État » (vers 1646) ; en effet, la mort du fils de Claudius n'est pas un malheur individuel, mais « un gage trop certain des malheurs
20 de l'État » (vers 1706).

1. Pourquoi Volker Schröder établit-il une comparaison entre Louis XIV et Néron ? Qu'est-ce qui les distingue, selon lui ?

2. Analysez le sens de la phrase « quoiqu'il ne s'agisse point des "affaires du dehors", il s'agit bien du destin de l'Empire ».

---

1. Racine, première Préface (1670) à *Britannicus*, p. 9. \ **2.** Racine, première Préface à *Britannicus*, p. 10. \ **3.** Racine, première Préface à *Britannicus*, p. 9.

SUJETS

INVENTION ET ARGUMENTATION

Sujet 1

À l'origine, Racine avait prévu entre les scènes 5 et 6 de l'acte V une courte scène où Junie réapparaissait face à Néron, après l'assassinat de Britannicus. Il l'a supprimée par la suite. Imaginez cette scène en rédigeant un dialogue entre l'empereur et Junie. Néron doit se justifier, et Junie exprimera ses sentiments et les raisons qui la décident à se retirer chez les vestales.

Sujet 2

Vous êtes metteur en scène et venez de choisir le comédien qui jouera le rôle de Néron. Vous rédigez pour ce comédien une lettre où vous lui précisez la façon dont il doit incarner Néron (ton de la voix, comportement physique, effet à produire sur le spectateur, etc.) en justifiant vos directives par votre conception du personnage et votre connaissance du texte.

Sujet 3

Vous êtes un conseiller du roi Louis XIV. Celui-ci craint que la tragédie de Racine ne contienne une critique implicite de son pouvoir absolu, et hésite à en faire interdire la représentation. Vous rédigerez pour le Roi une lettre sous forme de défense de la pièce qui lui expliquera les raisons politiques d'autoriser la représentation.

Sujet 4 : analyse d'images (pages 183 à 185)

Voici deux photographies de mises en scène de *Britannicus* : celle d'Antoine Vitez en 1981 (p. 183) et celle d'Alain Françon en 1991 (p. 184-185). Toutes deux représentent la confrontation entre Néron et Agrippine. Vous comparerez ces deux images, en analysant les choix d'interprétation de chacune des deux mises en scène. Vous serez particulièrement attentifs aux points suivants :

1. La photo de Vitez est organisée verticalement, celle de Françon horizontalement (cadrage, position des personnages). Quelles différences cette opposition implique-t-elle dans l'expression des rapports entre les deux personnages ?

Claire Wauthion et Marc Delsaert dans *Britannicus*,
mise en scène d'Antoine Vitez, 1981.
ph©agence Enguerand.

Laurent Grevill et Nada Strancar, dans *Britannicus*,
mise en scène d'Alain Françon, 1991.
ph© Brigitte Enguerand.

2. Étudiez le physique des comédiens, les costumes et la nature du sol (seul élément visible ici du décor). Étudiez leurs différences d'une photo à l'autre : quelle vision des deux personnages les deux metteurs en scène ont-ils voulu exprimer par ces choix ?

3. Pouvez-vous imaginer quel moment de la pièce (quelle scène, et peut-être même quels vers) ces photographies ont fixé ? Justifiez votre réponse.

COMMENTAIRES

Sujet 5

TEXTE 21 . *Britannicus*, acte II, scène 2

> Narcisse, c'en est fait […] Narcisse, qu'en dis-tu ?

> **> VERS 382-409, PAGES 40-41**

Après avoir répondu aux questions suivantes, vous ferez un commentaire de ce texte.

■ Indications pour traiter le sujet
Vous étudierez l'effet de surprise que peut produire cet aveu de Néron. Vous analyserez le fonctionnement de son imagination et l'expression du désir chez Néron. Quelle est la portée politique et tragique de cette scène ?

1. Relevez le court dialogue entre les deux personnages avant la tirade de Néron : qu'indique-t-il sur l'état de Néron et sur la réaction de Narcisse ?

2. Comment le récit de Néron est-il construit ? Distinguez deux moments différents, leur opposition et leur complémentarité. Quel est le rapport de Néron à la réalité ?

3. Qu'est-ce qui a éveillé le désir de Néron ? Relevez le caractère érotique de la scène, et les éléments qui expriment un rapport de violence et de domination. Comment ce rapport évolue-t-il au cours de la tirade ?

Sujet 6

TEXTE 22 . *Britannicus*, acte III, scène 7

> Retirez-vous, Seigneur […] Hélas ! Votre rival s'approche.

> **> VERS 957-1024, PAGES 70-72**

Après avoir répondu aux questions suivantes, vous ferez un commentaire de ce texte.

■ Indications pour traiter le sujet

Vous étudierez en particulier la composition et la progression de la scène. Par l'analyse du rapport entre le comportement des personnages et le moment de l'action, vous déterminerez les éléments qui contribuent à leur caractère tragique.

1. Étudiez la progression de la scène : sur quels procédés dramaturgiques repose le dialogue ?

2. Étudiez la situation et le caractère de Junie, tels qu'ils se révèlent dans cette scène. Quel rôle joue-t-elle à ce moment de l'action ? Quelle compréhension Junie a-t-elle de la situation ?

3. Étudiez la situation et le caractère de Britannicus. Qu'est-ce qui fait de lui le héros tragique de la pièce ?

Sujet 7

TEXTE 23 • *Britannicus*, acte IV, scène 2

> Approchez-vous, Néron [...] m'ordonnez de me justifier.
>
> **> VERS 1115-1222, PAGES 80-84**

Après avoir répondu aux questions suivantes, vous ferez un commentaire de ce texte.

■ Indications pour traiter le sujet

Vous serez attentif en particulier à la stratégie du discours d'Agrippine et à l'importance de ce procédé dans la dramaturgie de Racine.

1. Notez la didascalie et la première phrase d'Agrippine (vers 1115). Qu'impliquent-elles pour une mise en scène ? Quelle est, dès le début de l'entretien, la tactique adoptée par Agrippine ?

2. Pourquoi Racine juge-t-il nécessaire de faire un long rappel historique ? La tirade d'Agrippine se présente aussi comme une vaste confession : comment se combinent ici l'objectivité historique et la subjectivité dramatique ?

3. Cette tirade est un modèle de plaidoyer de type judiciaire[1], qui est un morceau de bravoure de la rhétorique antique et classique. Relevez-en

---

1. *Plaidoyer de type judiciaire :* les orateurs antiques décrivent ainsi l'organisation rhétorique du discours judiciaire (la « disposition ») : l'*exorde* suscite la bienveillance de l'auditoire et attire l'attention sur le sujet du discours. La *narration* est l'exposé des faits. La *confirmation* rassemble les preuves et les arguments pour soutenir la narration et comprend aussi la « réfutation » des arguments de l'accusation. La *péroraison* est la conclusion du discours. Elle comprend une récapitulation, elle met en œuvre la passion, qui vise à émouvoir l'auditoire, et l'amplification, qui rehausse l'importance du sujet.

les caractéristiques formelles et dégagez son organisation. Classez les moments du discours d'Agrippine en fonction des catégories du plaidoyer, qui s'étend sur toute la scène.

Sujet 8

TEXTE 24 • *Britannicus*, acte IV, scène 4

> Seigneur, j'ai tout prévu [...] Allons voir ce que nous devons faire.

> **> VERS 1391-1480, PAGES 91-95**

Après avoir répondu aux questions suivantes, vous ferez un commentaire de ce texte.

■ Indications pour traiter le sujet

Vous serez en particulier attentif à la force de l'argumentation et à ses effets sur les étapes du retournement de Néron. Vous montrerez en quoi cette scène agit sur l'action, ainsi que son importance du point de vue politique.

1. Rappelez la situation dramatique au moment où la scène commence. Dans quel état est Néron ? Qu'a fait Narcisse pendant ce temps ?

2. Analysez précisément la tactique de persuasion de Narcisse. Quelles qualités révèle-t-elle ? Quel rôle Narcisse confirme-t-il dans l'action ?

3. Analysez les étapes du retournement de Néron en vous appuyant sur la réponse à la question 2. Quel rôle joue ce retournement dans la conduite de l'action ?

4. Quelle est la portée politique de cette scène ?

DISSERTATIONS

Sujet 9

Dans la Préface de *Bérénice*, Racine définit ainsi sa conception du tragique :

> Ce n'est point une nécessité qu'il y ait du sang et des morts dans une tragédie : il suffit que l'action soit grande, que les acteurs en soient héroïques, que les passions y soient excitées, et que tout s'y ressente de cette tristesse majestueuse qui fait tout le plaisir de la tragédie [1].

---

1. Racine, Préface à *Bérénice*, in *Théâtre complet I*, Gallimard, coll. « Folio classique », 1982, p. 374.

Vous direz quelle conception du tragique Racine défend ici, puis, à partir des textes tragiques que vous connaissez, vous direz si vous retrouvez les éléments de cette conception, et si vous y trouvez vous-même ce « plaisir » dont parle Racine.

■ Indications pour traiter le sujet

Commencez par analyser les différentes étapes de la définition de Racine. Vous serez attentif aux expressions qui soutiennent l'argumentation. Vous traiterez point par point chaque élément de définition, en veillant à expliquer les adjectifs par rapport à ce que vous savez du genre tragique et de Racine en particulier. Vous vous demanderez si la conception de Racine correspond à sa pratique d'auteur tragique. Vous chercherez à définir le plaisir tragique en fonction des éléments de réponse que vous aurez donnés, et de votre propre expérience.

Sujet 10

Jacqueline de Romilly, spécialiste de la tragédie grecque, affirme à propos du genre tragique :

> Une situation peut être triste, horrible, dramatique : dans ce cas elle inspire la pitié pour celui qui s'y trouve. On dit qu'elle est tragique lorsqu'il se fait une sorte de recul, grâce auquel elle apparaît comme une preuve des souffrances que l'homme peut avoir à subir, sans solution et sans recours [1].

Vous direz si cette définition s'applique aux textes tragiques que vous connaissez, et si elle correspond à votre expérience de lecteur ou de spectateur.

■ Indications pour traiter le sujet

D'après la définition de Jacqueline de Romilly, vous expliquerez la distinction entre les termes « dramatique » et « tragique ».

Vous chercherez à définir les effets produits par une tragédie sur un spectateur : vous vous poserez la question de la pitié et celle de la « prise de recul » dont parle l'auteur.

À quel type de réflexion sur la condition humaine invite la situation tragique ?

---

1. Jacqueline de Romilly, *La Tragédie grecque*, coll. « Quadrige », PUF, 1970, p. 173.

BIBLIOGRAPHIE

Éditions de Britannicus

RACINE, *Œuvres complètes*, tome I, édition de Georges Forestier, coll. « Bibliothèque de la Pléiade », Gallimard, 1999.

RACINE, *Britannicus*, édition de Jacques Morel, coll. « GF », Flammarion, 1995.

Études sur le contexte

BÉNICHOU, Paul, *Morales du Grand Siècle*, Gallimard, 1948 ; coll. « Folio essais », 1988.

FUMAROLI, Marc, *L'Âge de l'éloquence*, Droz, 1980 ; Albin Michel, 1994.

ROUSSET, Jean, *La Littérature de l'âge baroque*, José Corti, 1954.

Études sur le genre tragique

FORESTIER, Georges, *Introduction à l'analyse des textes classiques. Éléments de rhétorique et de poétique du xviiᵉ siècle*, Nathan Université, Paris, 1993.

MIQUEL, Jean-Pierre, *Sur la tragédie*, Actes Sud, 1988.

ROHOU, Jean, *La Tragédie classique (1550-1793). Théorie, histoire, anthologie*. S.E.D.E.S, 1994.

SCHERER, Jacques, *La Dramaturgie classique en France*, P.U.F, 1975.

Études sur Racine

BARTHES, Roland, *Sur Racine*, Seuil, 1963 ; *Œuvres complètes*, Seuil, 1993.

BUTLER, Philip, *Classicisme et Baroque dans l'œuvre de Racine*, Nizet, 1959.

GOLDMANN, Lucien, *Le Dieu caché. Étude sur la vision tragique dans les* Pensées *de Pascal et dans le théâtre de Racine*, Gallimard, 1955.

PICARD, Raymond, *La Carrière de Jean Racine*, Gallimard, 1956.

ROHOU, Jean, *Jean Racine entre sa carrière, son œuvre et son Dieu*, Fayard, 1992.

SCHERER, Jacques, *Racine et/ou la cérémonie*, P.U.F, 1982.

VIALA, Jean, *Racine, la stratégie du caméléon*, Seghers, 1990.

Études sur Britannicus

De nombreux ouvrages sur *Britannicus* ont été publiés en anglais dans le monde anglo-saxon. L'essentiel des articles en français sur la pièce se trouvent dans « Parcours Critique » (voir ci-dessous, P. Ronzeaud).

BRE, Danielle, *Étude exemplaire d'une catégorie dramaturgique. Les personnages du* Britannicus *de Racine*, Thèse de 3e cycle/Université de Provence, 1980.

CHICHE, Didier, « Pouvoir et raison de Tacite à Racine », in *Études de Langue et de Littérature françaises*, n°58, Tokyo, 1991.

COMÉDIE-FRANCAISE, Revue n°64, déc. 1977 – janv. 1978, mise en scène de J.-P. Miquel ; n°173, fév. 1989, mise en scène de J.-L. Boutté.

COUTON, Georges, Britannicus, *tragédie des cabales*, Mélanges Lebègue, Nizet, 1969.

MARAIS, Jean, MEUNIER, M., *Un acteur poète, Jean Marais. Entretiens autour d'une représentation de* Britannicus, Debresse, 1959.

POMMIER, René, *Études sur* Britannicus, S.E.D.E.S, 1995.

RONZEAUD, Pierre (éditeur), *Racine/*Britannicus, coll. « Parcours critiques », Klincksieck, 1995.

SCHRÖDER, Volker, *La Tragédie du sang d'Auguste. Politique et intertextualité dans* Britannicus, coll. « Biblio 17 », n°119, éd. GNV, Tübingen, 1999.

Collection Classiques & Cie

Achevé d'imprimer chez Rotolito Pioltello - Italie
Dépôt légal n° 45215 - Mars 2004